AF317204

RÉFUTATION

D'UN OUVRAGE

DE M. RIZZI-ZANNONI,

INTITULÉ:

Dissertation sur différens points de Géographie, & d'un autre qui a pour titre : Eclaircissemens historiques sur un fait littéraire.

Par M. BONNE, Maître de Mathématiques, Ingénieur Géographe.

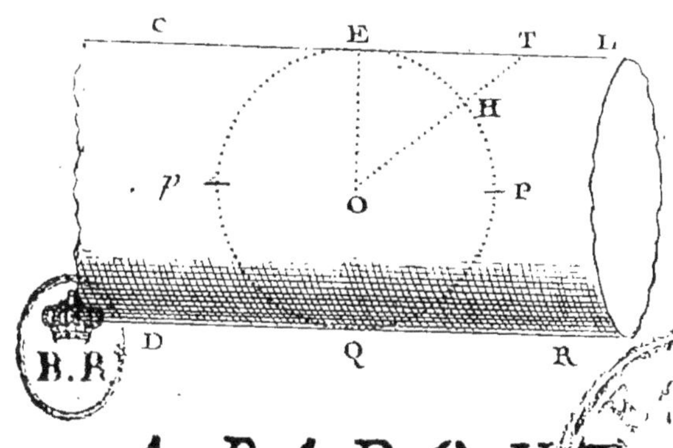

A PADOUE,

Chez M. RIXA, à l'Enveloppe Cylindrique.

M. DCC. LXV.

RÉFUTATION

D'un Ouvrage de M. RIZZI-ZANNONI, intitulé : Diſſertation ſur différens points de Géographie, *& d'un autre qui a pour titre :* Eclairciſſemens hiſtoriques ſur un fait littéraire.

IL eſt toujours fâcheux d'avoir à répondre à des Libelles injurieux. J'avois réſolu de garder le ſilence ſur ceux de M. Zannoni ; mais d'autres perſonnes que moi y étoient intéreſſées. L'on m'a fait obſerver que le Public avoit été frappé par des allégations fauſſes & injurieuſes, & que je ne devois pas laiſſer ſubſiſter de pareilles impreſſions. Que M. Zannoni ne s'en prenne donc qu'à lui-même ſi je ſuis obligé de m'exprimer d'une maniere qui ne peut être vraie ſans être déſagréable pour lui.

Il copia l'année derniere une Carte des côtes de France, que j'avois dreſſée quinze mois auparavant *. Il fit graver ſur ſa copie un avertiſ-

---

* Il eſt très important pour la ſuite de remarquer que je n'ai pas conſtruit cette Carte pour les Navigateurs. Les morceaux qui la compoſent ont trop peu d'étendue pour qu'elle leur ſoit commode. Lorſque l'idée de la dreſſer me vint, chacun avoit les yeux trournés vers la Marine. Je crus ſervir le Public, en lui offrant, dans ces circonſtances, un détail portatif & curieux de nos côtes.

A

fement où il montra de l'humeur contre l'applatiſſement de la Terre, auquel j'avois eu égard.
Lorſqu'on annonça ſa Carte, l'avertiſſement qui
s'y trouve fut inſéré dans quelques-uns de nos
Ouvrages périodiques. S'il eût gardé le ſilence
ſur ce plagiat, je l'aurois toujours ignoré. L'indécence de ſon procédé fut cauſe que je m'en
plaignis. Il a été ſi mécontent de cette plainte
équitable & modérée, qu'il a fait récemment,
contre moi, une brochure intitulée : *Diſſertation
ſur différens points de Géographie.*

Son Ouvrage eſt diviſé en deux parties. Dans
la premiere, il tâche de perſuader qu'on ne peut
avoir égard à l'applatiſſement de la Terre dans
les Cartes de Géographie ; & dans la ſeconde,
il voudroit bien faire croire qu'il n'a pas copié
le *petit Atlas maritime des côtes de France.*
J'aurois deſiré pouvoir auſſi me borner à deux
Sections dans ce que j'ai à lui oppoſer. Mais
il ſe trouve des écarts conſidérables dans chacune de ſes diviſions : il y attaque ſur-tout deux
de mes Cartes ; c'eſt pourquoi je n'ai pu me diſ-
penſer d'ajouter ici une troiſieme Section, dans
laquelle, en examinant la ſolidité de la critique
de mon Adverſaire, j'aurai une occaſion naturelle de faire des remarques ſur quelques-unes
de ſes productions.

On trouve d'un bout à l'autre de l'Ouvrage
de M. Zannoni, des injures atroces, des impu-
tations groſſieres, des qualifications odieuſes *de
frelon, d'impoſteur, d'ignorant, de menteur,
d'impudent, d'applatiſſeur de globes, de char-
latan, de ſéducteur, de brigand, de corſaire,
de trompeur, de mercenaire, de calomniateur,
d'aveugle, de pédant, &c. &c.* Je n'ai rien à
répondre à toutes ces épithetes bourbeuſes. Elles

me donnent, je le fais, le droit de me conduire
à son égard sans aucun ménagement ; mais j'u-
serai de ce droit avec discrétion, de maniere
que s'il se rencontre ici quelques expressions vi-
ves, il n'ait pas à s'en plaindre ; elles seront toujours des conséquences naturelles des vérités que
j'opposerai aux raisons qu'il prétend alléguer
contre moi.

PREMIERE SECTION.

*Qu'il est facile d'avoir égard à l'appla-
tissement de la Terre dans les Cartes de
Géographie, & qu'il seroit avantageux
d'en tenir compte pour atteindre à une
plus grande précision.*

J'AI adopté l'hypothèse sur l'applatissement de
la Terre, que favorisent le plus les mesures &
la théorie. Si ce n'étoit pas le parti le plus sûr,
c'est au moins celui qui m'a paru le plus sage.
On ne circonscrit point, par cette marche pru-
dente, une courbe aux travaux de nos Géometres : mais le cas extrême qu'on fait de leurs mesures engage à s'en servir pour résoudre par approximation le problême qu'on se propose, &
dont la solution doit être d'autant plus exacte,
qu'il y sera entré plus de données. Le Sieur Zannoni voit là un cercle vicieux. Il n'a, selon toutes
les apparences, pas assez de lumieres acquises
pour bien voir ; car *on ne veut pas*, comme il
le prétend, *des observations pour résoudre un
problême qui, par l'hypothèse, est déja résolu:*

mais on emploie seulement les mesures pour
corriger la solution hypothétique, & la rappro-
cher autant qu'on pourra de la vérité.

Quel usage plus raisonnable souhaiteroit-il
que l'on fît des travaux de nos Géometres? Il
est vrai que par le moyen des interpolations,
il étoit possible de ne s'écarter aucunement des
mesures; mais la loi des accroissemens des degrés
du méridien devenoit alors fort compliquée &
vraisemblablement fausse; car on auroit supposé
aux observations astronomiques & aux opérations
géométriques, une précision rigoureuse à laquelle
il n'est guere possible d'atteindre: sans avoir égard
à la théorie qu'il n'est pas permis de négliger,
du moins entierement. D'un autre côté, si on
eût adopté l'applatissement donné par Newton,
qui suppose la Terre homogène, tandis qu'il est
très-probable qu'elle ne l'est pas, on se seroit
beaucoup trop éloigné des mesures. Dans cette
perplexité faut-il donner à chaque degré du méridien une même valeur moyenne entre les différentes indications, & continuer à supposer la
Terre sphérique? Cela seroit commode: mais
on peut mieux faire. Conservons pour cela les
accroissemens des degrés du méridien proportionnels aux quarrés des sinus de latitude, conformément à la théorie; & comme elle ne peut
pas donner le rapport du diametre de l'équateur
terrestre à son axe, à cause que la disposition &
la densité des couches intérieures de notre
planette sont inconnues, donnons-lui l'applatissement qui favorisera le plus les mesures,
en leur faisant éprouver à chacune de très petites
corrections proportionnelles à l'amplitude des
arcs. On fera par ce moyen entrer dans cette
solution deux élémens qui paroissent également

probables, & qui avoient le même droit d'y être
admis. Dans cette hypothèfe le diametre de l'é-
quateur terreftre eft à fon axe, comme 254 eft
à 253 ; & c'eft le parti que j'ai pris avec confiance.

Enfuite, fans avoir égard à la théorie, j'ai
cherché quelle feroit la fonction des finus de latitude qui donneroit aux mefures la moindre
atteinte poffible, en leur faifant, comme ci-devant, des corrections proportionnelles à l'amplitude des arcs. Dans l'hypothèfe que la théorie
m'a fait adopter ci-devant, il a fallu diminuer
un peu le premier degré de latitude ; au contraire, j'ai été obligé dans le cas préfent de rendre ce premier degré un peu plus grand que les
opérations géométriques ne l'ont donné ; &
j'ai trouvé que la puiffance 2,55 de ces finus
étoit celle qui altéroit le moins les mefures.
Comme cette fonction ne change rien à l'arc du
méridien qui traverfe la France donnée par la
premiere loi, & n'augmente que de 7 toifes le
degré du cap, il m'a paru qu'une fi légere différence ne devoit pas faire abandonner la théorie.

J'avois prouvé dans l'*Analyfe de la Mediterra-
née* la poffibilité d'une erreur de 4 fecondes à
chaque extrémité d'un arc du méridien mefuré
fur la Terre ; & ce font là les limites étroites
entre lefquelles font renfermées les erreurs que
j'ai été obligé de fuppofer aux mefures. Qu'on
me montre, s'il eft poffible, une hypothèfe qui
ait un moindre inconvénient, & je l'adopte auffi-
tôt.

L'applatiffement dont il s'agit n'eft pas confidérable, mais il exifte ; fon influence fur les
cartes eft fenfible, & j'y ai eu égard dans les
miennes ; l'accueil que le Public leur a fait femble

prouver qu'il en a été content. M. Zannoni, à qui je n'ai pas voulu déplaire, en est fâché.

N'est-ce pas, dit-il, *pousser la spéculation au-delà des besoins de la pratique, ou même au-delà de ce que la pratique peut atteindre, que de régaler la France de Cartes où l'on a eu égard à l'applatissement de la Terre? Cet extérieur mathématique n'est propre qu'à en imposer au Public sans l'instruire, & qu'à augmenter les difficultés d'une science, sans l'avancer davantage.* Mais sait-il jusqu'à quel point la pratique de la Navigation se perfectionnera? D'ailleurs » dans les sciences » mixtes une partie doit-elle perdre tout le mé- » rite de son exactitude, parceque d'autres par- » ties ne sont pas susceptibles d'être également » perfectionnées? Parcequ'il est difficile de pren- » dre hauteur sur mer, faudroit-il se servir d'un » quart de cercle, dont la division porteroit un » demi degré d'erreur? Voudroit-on naviger sur » une Carte dont la longueur auroit peut-être » un pouce de trop, proportionnellement à la » largeur »? * Resserrons donc toujours dans les bornes les plus étroites que nous pourrons, les erreurs auxquelles les projections de nos Cartes sont sujettes: il ne restera encore sur ces Cartes que trop d'autres défauts inévitables jusqu'à présent, qui donneront de l'exercice aux Géographes actuels, & à leurs descendans.

Les calculs où cet applatissement jette, avois-je répondu à l'avertissement de M. Zannoni, eussent-ils les difficultés qu'il leur trouve, elles

----

* *M. Murdoch*, Tab. Lox. Ce Savant Anglois savoit déjà que quelques esprits faux viendroient heurter de front l'emploi judicieux qu'on peut faire de l'applatissement de la Terre dans la Géographie.

feroient nulles, lorfqu'il s'agit de mieux faire.
» *Votre principe eft vrai*, replique-t-il, *mais*
» *ne me prêtez pas vos idées* ». Si les difficultés de la Géographie, qu'il prétend qu'on augmente par un tel moyen, ne tiennent point à
des calculs préliminaires, comme j'avois cru devoir l'inférer de *cet extérieur mathématique*
dont il parle, & qui, felon lui, *n'eft propre qu'à*
augmenter les difficultés d'une fcience fans l'a-
vancer davantage , j'avoue ingénuement que
je ne l'entends pas ; je n'ai point du refte eu intention de lui prêter mes idées, il fait bien les
prendre fans cela.

» Cet Auteur dit vainement (avois-je ajouté
dans l'Avant-Coureur) » qu'il s'eft fervi d'autres
» Cartes que de celles du petit Atlas maritime
» des côtes de France. Je l'invite à corriger cette
» méprife ; elle pourroit faire préfumer qu'il
» veut en *impofer au Public* ». Ces repréfailles
modérées ont fâché mon Adverfaire. *Ce font*
les Applatiffeurs de globes, dit-il poliment,
ce font les Charlatans , M. Bonne, qui cher-
chent à en impofer au Public ; ils ont befoin
de fon argent. Je pourrois facilement, en cette
occafion, me venger d'une maniere amere ;
mais je me garderai bien de proftituer ma
plume à un fi vil plaifir.

C'eft aux Académies, c'eft aux Savans qui
les compofent, dit-il, que j'adreffe mes ré-
flexions ; ils font les véritables Juges de ces
matieres , perfonne ne peut les recufer. M.
Bonne, que je traduis à ce Tribunal fuprême,
fera fans doute le feul qui s'en plaindra, fon
intérêt l'exige. De tels Juges font au contraire
autant à mon gré, M. Zannoni, que fi j'en avois
fait choix le premier. Les matieres dont il s'agit

reſſortiſſent naturellement à ces illuſtres Compagnies. Auſſi plus j'examine ma cauſe, mieux j'en augure. La poſition la plus avantageuſe au bon droit eſt d'avoir affaire à des Juges integres & éclairés. Mais, quant à vous, comment oſerez-vous balbutier devant ces hommes habiles ? Commencez, & prenez un ton auſſi aſſuré que ſi vous alliez apprendre au monde entier une vérité importante.

Quelle eſt donc cette méthode qui apprend au Géographe la rectification des degrés de longitude & de latitude, la rectification des courbes loxodromiques, *& le développement d'un chaſſis hydrographique ? C'eſt celle qui ſuppoſe* UN SPECTATEUR *au centre d'une ſphere;* & DONT LES RAYONS VISUELS, CONDUITS DE SON ŒIL A TOUS LES POINTS DE L'ENVELOPPE CYLINDRIQUE DE CETTE SPHERE, *y projettent les méridiens & les paralleles en lignes droites,* & EN CONSERVANT TOUJOURS LES MESMES PROPORTIONS QUE SUR LE GLOBE. Si M. Zannoni eût eu la plus ſimple notion des Cartes réduites, il auroit apperçu que ſa méthode feroit les arcs du méridien, à compter de l'équateur, proportionnels aux tangentes des latitudes, tandis qu'ils ſuivent un rapport très différent.

En effet, que $pEPQ$ repréſente la terre, & CLDR le cylindre circonſcrit de mon Adverſaire, ſi l'on trace perpendiculairement à CL le rayon OE, il ſera le demi diametre de l'équateur ; on le prendra pour ſinus total. Que l'on mene enſuite du centre O, & par un point quelconque H du méridien, la droite OH prolongée juſqu'à la rencontre du cylindre en T, la ligne ET par laquelle M. Zannoni repréſente l'arc du méridien fera d'abord évidemment la tangente du même arc. *Voy. la fig. au frontifp.*

Les degrés de latitude font cependant, dans les Cartes dont nous parlons, augmentés dans le même rapport que ceux de longitude, c'eft-à-dire dans la raifon inverfe des cofinus de latitude, ou dans la directe des fécantes ; enforte que leur augmentation continuelle doit être ici repréfentée par la fécante O T, laquelle ne repréfente nullement l'augmentation continuelle des tangentes correfpondantes.

Ce fut Edouard Wight qui, felon que nous l'apprennent les Tranfactions philofophiques, N.º 219, découvrit cette proportion des accroiffemens continus des minutes du méridien avec les fécantes de latitude. Cet homme de génie publia fes recherches en 1599 : ainfi il y a 166 ans qu'il eft démontré que l'ufage que M. Zannoni fait de l'enveloppe cylindrique ne vaut rien ; & en confultant le N.º cité, il auroit vu de quelle maniere cette invention utile fe perfectionna, comment le D. Halley fut déduire de la logarithmique fpirale, que les méridiens des Cartes réduites font des échelles de tangentes logarithmiques des demi complémens des latitudes, & des recherches ultérieures lui auroient appris que M. Cotes démontra la même chofe par fa méthode des rapports (*Harmon. menfur.*); que M. Bouguer arriva auffi à la même conclufion par une voie différente (*Traité de Nav.*); qu'enfin M. Georges Campbel atteignit encore au même but, & n'employa pour cela qu'un feul Lemme affez fimple (*Nouv. Tab. lox. de M. Murd*). Enforte que voilà, de compte fait, cinq hommes célebres qui aboutiffent à une même conclufion par cinq voies différentes ; & cette conclusion dément, on ne peut pas mieux, celle de mon Adversaire.

Il n'étoit pas nécessaire qu'il mît dans sa Dissertation, *en caracteres italiques*, cette bévue énorme : elle est assez remarquable pour qu'on l'eût apperçue sans cette précaution. Afin de la lui mieux faire sentir, cette bévue insigne, je l'avertirai que, dans la projection des Cartes marines, les loix de l'Optique qui lui ont fait illusion sont nécessairement violées à chaque latitude, & il n'auroit pas dû l'ignorer. Avant de prétendre donner des leçons aux hommes, on devroit du moins apprendre ce qu'on veut leur enseigner. Je lui rappellerai encore ce dont il convient lui-même, que l'unique but qu'on se propose dans la construction des Cartes réduites est d'y rectifier les courbes loxodromiques, en facilitant par-là au Pilote la mesure du sillage ; & je le prierai en même tems d'observer qu'au moyen de l'usage qu'il fait de son enveloppe cylindrique, il donne continuellement pour projection d'un parallele celle d'un autre ; que par conséquent il ne rectifie point dès-lors les loxodromies, & manque ainsi entierement le vrai but qu'il se propose. Ah! qu'il est heureux ce M. Zannoni, de ne rien entendre à la Géométrie ! La moindre connoissance de cette science lui auroit appris que l'usage qu'il fait de l'enveloppe cylindrique de la sphere est d'une absurdité que le commençant le plus borné n'auroit pas manqué d'appercevoir.

Je desirerois que mon Adversaire s'appliquât à moins de choses, & qu'il les apprît mieux ; qu'il fixât la légereté de son esprit pour mettre plus d'exactitude & de profondeur dans ses connoissances. Tel, d'un coup d'œil sûr, peut voir tous les rapports qui regnent dans un vaste édifice, tel autre doit traîner lentement sa pesante réflexion autour d'une colomne avant de saisir les rapports de ses différentes parties.

M. Richer découvre, dit-il, à Cayenne, en 1672, que la pesanteur étoit plus petite dans cette Isle, voisine de l'équateur, qu'elle n'est en France, dont la terre est applatie vers les poles. Cette conclusion est certaine. Oui, la conclusion est certaine, mais la conséquence n'est pas juste; & je pense en tout si différemment du Sieur Zannoni, que je me trouve ici obligé de le combattre jusque dans une chose où je suis de son avis.

L'observation de M. Richer prouve, à la vérité, l'applatissement de la Terre, mais c'est parceque le raccourcissement du pendule s'y trouve plus grand qu'il ne seroit en effet sur une sphere, dans les hypothèses les plus probables sur l'arrangement & la densité des couches qui la composeroient. Quand bien même la Terre auroit une forme sphérique, ou même allongée, les corps situés à sa surface, vers l'équateur, seroient toujours plus éloignés de l'axe, que ceux qui avoisineroient les Pôles. Ceux-ci auroient donc une moins grande force centrifuge que ceux-là, & la pesanteur seroit par conséquent moindre sous l'équateur; ensorte que ce n'est pas précisément la diminution de la pesanteur à l'équateur, mais la quantité de cette diminution qui prouve ou, pour mieux dire, rend très-probable l'applatissement de la Terre vers les Pôles.

La seule maniere parfaitement certaine de s'assurer du fait, étoit d'en juger par des mesures actuelles, nos Astronomes les ont exécutées avec les attentions les plus scrupuleuses ; & ces mesures ont confirmé avec certitude ce que la théorie n'osoit annoncer qu'avec crainte.

Les accroissemens du pendule doivent, conformément à la théorie, suivre, tant dans la sphere que dans les sphéroïdes peu différens, la raison des quarrés des sinus de latitude ; & si mon Adversaire trouve les observations peu d'accord avec cette loi, c'est qu'il donne à celles qui ont été faites sur ce sujet, & qui ne sauroient jamais être autre chose que des approximations plus ou moins voisines du but où la nature atteint constamment, une précision à laquelle on ne parviendra jamais *, & qu'indépendamment de cela, son calcul, sur cette matiere, porte à faux, en ce qu'il veut résoudre une regle de trois, dans laquelle il ne fait entrer que deux termes connus.

Qu'on recueille avec soin les observations faites sur différens endroits de la Terre ; qu'on y fasse les corrections qu'exigent l'élévation au-dessus du niveau de la mer, le degré de chaleur, la résistance inégale de l'air, l'amplitude des arcs décrits, &c. Si après ces attentions indispensables, on veut avoir la longueur du pendule à un lieu donné, comme Paris, on fera cette proportion. Le quarré du sinus de latitude à Pello, par exemple, situé en Laponie, à 66.° 48, est au quarré du sinus de latitude de Paris, situé à 48.° 51, comme l'excès du pendule à Pello, sur celui de l'équateur, est à l'excès du pendule de Paris, aussi sur celui de

---

* M. de Mairan, par exemple, a trouvé que la longueur du pendule qui bat les secondes à Paris étoit de 440, 57 lign, & M. de la Caille le trouve plus court de 0, 02 lignes.

(13)

l'équateur. Le log. du quarré du sinus de 66.°
48′= 0,92676, le log. du quarré du sinus de
48.° 51′= 0,75358, la longueur du pendule, à
Pello, est de 441,17 lign., & à l'équateur de
439,21, leur différence = 1,96 lign. le log.
de cette différence = 0,29226 ; ainsi la proportion géométrique précédente se changera en
la proportion arithmétique suivante : 0,92676 ;
0,75358 : 0,29226 ; $x = 0,11908$, qui est le
logarith. de 1,32 lignes, excès du pendule de
Paris sur celui de l'équateur : la longueur, à Paris, du pendule calculé est donc de 439,21 +
1,32 = 440,53, laquelle ne diffère de celle
qu'a observé scrupuleusement M. l'Abbé de la
Caille que de $\frac{1}{50}$ de ligne ; & cette différence
seroit encore moindre si, avant d'employer les
observations précédentes dans le calcul, on leur
eût fait d'une maniere convenable toutes les corrections nécessaires : mais j'ai cru, en cette occasion, devoir les prendre telles que mon Adversaire les indique.

On arrivera toujours, d'après cette proportion
donnée par la théorie, à une telle exactitude,
qu'il ne se trouvera jamais entre de bonnes observations & le résultat du calcul de différences
qu'on ne puisse attribuer à ces dernieres.

Quand M. Zannoni fera mal-adroitement la
différence entre le pendule en Laponie, & celui de Paris, plus courte d'une dixieme partie
que ne la donnent les observations, il est tout
simple qu'il trouvera dans les résultats de son
calcul les erreurs qu'il y a fait entrer sans s'en
appercevoir ; mais de tels défauts ne sont ni
dans la loi connue des accroissemens, ni dans
les observations.

Quand bien même ces observations ne s'ac-

corderoient pas avec la théorie aussi parfaitement qu'elles s'y accordent en effet ; quand bien
même les accroissemens observés du pendule
exigeroient, pour ne point différer des accroiffemens calculés, d'être exprimés par une fonction des sinus de latitude un peu moindre que
le quarré, tandis que les accroissemens des degrés semblent au contraire être exprimés par
une fonction un peu plus grande de ces mêmes
sinus, la théorie n'en seroit que confirmée ; car
la loi qu'elle donne tient un milieu entre celles
qui sont indiquées, tant par les observations du
pendule, que par la mesure de différens arcs
du méridien : raison bien forte d'assujettir ici à
une telle théorie les observations & les mesures,
lorsqu'il ne faudra, sur-tout pour cet effet, admettre & corriger dans celles-ci que des erreurs
moindres que celles que de bons Observateurs
peuvent commettre.

M. Zannoni demande ensuite *pourquoi les
méridiens de la Terre font plutôt une ellipse
qu'une autre courbe ?* On vient déja de le lui
dire ; c'est que la théorie l'exige. M. Mac-Laurin
a trouvé qu'elle doit avoir la forme d'un sphéroïde elliptique, en supposant même ses parties
attirées par les Planettes. M. Clairaut a fait voir
qu'elle doit avoir cette figure, soit que les couches qui la composent soient homogènes ou
non ; & ce célebre Académicien, qui a eu tant
de part à ces sublimes spéculations, a de plus
prouvé que si les couches de la Terre augmen-
tent de densité en s'approchant du centre,
comme il est fort probable que cela est, la
Terre est applatie d'une quantité moindre que
$\frac{1}{230}$.

Jugez maintenant, M. Zannoni, si je me

suis *laiffé féduire par un échafaudage énorme*
de calcul qui étonne fans inftruire, & ne fert
que de fupplément au génie du Géometre, &
faites du moins attention que le calcul ne peut
être le fupplément du génie; que c'eft feulement
un inftrument qui en aide l'effor. En vérité vous
reffemblez ici, on ne peut pas mieux, à un enfant qui prendroit de l'humeur autour d'un far-
deau qu'il ne pourroit mouvoir.

Il n'y a point de témérité, quoique vous en
difiez, à vouloir exprimer l'applatiffement de la
Terre dans les Cartes. Que le diametre de l'équateur foit à l'axe *, comme 179 eft à 178, le premier degré du méridien fera au degré de l'é-
quateur, comme 112 eft à 113. La différence
entre ces deux degrés fût-elle dix fois moindre,
il feroit encore facile au Géometre le moins
exercé à la pratique d'en exprimer le rapport
par des lignes; & fi l'échelle de la Carte étoit
fort petite, rien n'empêcheroit d'embraffer à la
fois plufieurs degrés, afin d'exprimer plus facilement l'effet de cet applatiffement.

M. Coufin découvrit, il y a quelques années,
dit M. Zannoni, *une élégante formule pour projetter un point quelconque de la furface de la Terre, en la fuppofant formée par la révolution d'une
ellipfe autour de fon petit axe. Je fis ufage de
cette formule,* continue-t-il, *pour conftruire un
grand chaffis géométrique de 64 pieds quarrés,
qui repréfentoit toute l'Europe; mais la différence dans la courbure des méridiens & des paralleles, & dans la pofition des lieux placés fuivant*

---

* **N. B.** Je n'emploie pas ici l'applatiffement que j'ai cru
devoir admettre dans mes Cartes; il ne feroit d'aucun poids
dans ma caufe. Je lui ai fubftitué partout, dans cet ouvrage,
celui qui eft le plus généralement adopté.

les deux hypothèses aux mêmes latitudes & longitudes, s'est trouvée tout-à-fait insensible au compas. Cependant le degré du méridien à la latitude de 70.° étant dans le sphéroïde plus grand d'environ $\frac{1}{90}$ qu'à la latitude de 35.°, & le degré moyen de mon Adversaire ayant à peu près 33 lig. sur le chassis dont il s'agit, il s'ensuit que sa quantité insensible au compas donne environ 2 lig. sur 5.° vers le haut de sa Carte. Or, la sixieme partie d'un pouce est-elle tout à fait insensible au compas ? Elle ne le seroit pas avec la fausse équerre d'un Maçon. Ce n'est donc pas une chimere d'y avoir égard. Mais ce n'est pas encore tout, les rayons de courbure sont alors bien différens de ce qu'ils seroient en la supposant sphérique.

La formule générale qui m'appartient . . . .

$$x = \frac{n\,(1+q\,\tau\tau)^{\frac{1}{2}}}{(1+q\,TT)^{\frac{1}{2}} - (1+q\,tt)^{\frac{1}{2}}}\quad \text{renferme}$$

le rayon de tout parallele, quelle que soit l'inclinaison du plan de projection, par rapport à l'axe de la terre, & soit que notre planette soit une sphere ou un ellipsoïde allongé ou applati. Dans cette formule x est le rayon du parallele, n un très petit arc quelconque du méridien qui passe par le milieu de la Carte ; cet arc doit être scrupuleusement évalué en parties de l'échelle qui convient au point du méridien où doit passer le parallele ; q est le quarré d'une fraction qui a pour numérateur l'axe de la Terre, & pour dénominateur le diametre de l'équateur ; T est la tangente de latitude de l'extrémité du petit arc, n la plus voisine du Pôle, τ tangente du milieu de cet arc, & t tangente de l'autre extrémité de ce même petit arc,

L

La quantité n, que nous fuppoferons ici d'une minute de latitude, eft un peu longue à évaluer en parties de l'échelle variable de la Carte. Pour aider le Lecteur, nous allons en chercher la valeur dans un cas particulier. On fuppofera le centre de projection du chaffis de 64 pieds quarrés par 50.° de latitude, la diftance de ce point jufqu'au 70.° feroit, dans la projection ftéréographique & dans la fphere, exprimée par la tangente de la moitié de l'arc du méridien compris entre ces deux termes, ou, ce qui revient au même, dans le cas dont il s'agit, par la tangente de 10.°; ainfi la valeur relative de n à 70.° de latitude fera = tang. 10.° 0′ 15″ — tang. 9.° 59′ 45″ = 0, 00015.

La diftance du centre de projection jufqu'à 35.° de latitude, où l'on peut fuppofer le parallele inférieur de la Carte, doit être exprimée par la tangente de la moitié de l'arc du méridien compris entre ces deux points. Cette tangente eft celle de 7.° 30′, laquelle = 0, 13165. Comme on peut fuppofer que la Carte s'étend jufqu'au 72.° de latitude, la diftance du centre de projection jufqu'à cette latitude étant de 22.°, elle fera repréfentée par la tangente de 11.° = 0, 19438. Ajoutant ces deux tangentes, on aura 0, 32603 pour l'étendue relative de la Carte du Sud au Nord.

Le chaffis peut être fuppofé de 8 pieds = 1152 lig. de hauteur abfolue; & cela pofé, on fera cette proportion. La hauteur relative 0, 32603 de la Carte eft à la valeur relative de n = 0, 00015, comme la hauteur abfolue 1152 lig. de la Carte eft à la valeur abfolue de n dans la fphere à 70.° de latitude. On trouvera ici n = 0, 530015 lig. Pour avoir cette valeur dans le sphéroïde, on fera encore cette analogie : le degré de l'équateur est au degré du méridien à la latitude de 70.°, comme la valeur de n dans la sphere, qui est 0, 536015 lign. est à la valeur de n dans le sphéroïde, qu'on trouvera de 0, 53208 lig. à la latitude proposée.

La constante q est dans le sphéroïde supposé = 0, 98883, & le reste de l'opération est facile. Si l'on se donne la peine de l'achever, on trouvera que le rayon du parallele qui passe par 70.° est égal à 10485 lig. dans le sphéroïde, & seulement égal à 10326 lig. dans la sphere ; que par conséquent ces rayons different entre eux de 159 lig. ou de plus de 13 pouces. Or, M. Zannoni pourroit-il nous apprendre si cette diversité de courbure des paralleles dans les deux hypothèses est tout-à-fait insensible au compas ? Pour qu'une telle différence lui soit échappée, il faut qu'il ait abusé étrangement de la formule de M. Cousin.

Pourquoi, dans le cas particulier dont il s'agit, lui fait-il dire que *lorsqu'une solution n'est pas aussi* GENERALE *qu'elle peut l'être, on doit toujours craindre de s'écarter du but qu'on se propose, que toute hypothèse* PARTICULIERE *doit paroître suspecte, fût-elle même constatée par un grand nombre d'observations ?* Cela revient d'autant moins à notre objet, que je n'ai prétendu atteindre qu'à une solution approchée : je lui laisse au reste le soin de rendre moins obscures les expressions *générale* & *particuliere* dont il se sert.

Quand M. Zannoni supposeroit à la Terre un applatissement un peu moindre que celui qu'on vient d'employer, bien qu'il soit le plus générálement adopté, cette différence des rayons de courbure feroit encore fi confidérable, qu'elle feroit préfumer qu'il pourroit bien n'avoir pas conftruit la Carte d'Europe de 8 pieds de hauteur, renfermée dans le chaffis de 64 pieds quarrés.

On voit dans le Journal étranger, de Septembre 1762, que cette Carte d'Europe feroit antérieure à la date de ce Journal ; & il affure qu'il a été dix-huit mois à la conftruire. Je le voyois affez fouvent, dans ce tems-là, pour avoir eu connoiffance d'une telle Carte, s'il y eût travaillé, fur-tout fachant combien il eft impatient de fe produire. J'ai été plus loin. Je me fuis informé aux perfonnes qui le fréquentoient le plus alors, toutes m'ont affuré qu'il n'a jamais conftruit de chaffis d'Europe de 64 pieds quarrés. En effet, quelle apparence y a-t-il qu'ayant fait annoncer dans nos Ouvrages périodiques nombre de Cartes qui n'ont jamais paru, & auxquelles il y a tout lieu de croire qu'il n'a point travaillé, il eût oublié de faire annoncer une Carte de 64 pieds quarrés, qu'il auroit réellement dreffée? Cependant M. Zannoni dit que *cette Carte, & le Mémoire qui l'accompagne, ont été couronnés par les fuffrages les plus illuf- tres.* Il auroit été fort à propos d'ajouter quels ont été ces fuffrages les plus illuftres ; car le monde eft fi méchant, qu'il pourroit bien penfer, & cela avec beaucoup de fondement, que l'Auteur de cet éloge fe donne à lui-même de l'encens. Au refte, eût-on dreffé cette Carte, & propofât-on cent autres faits plus forts, que pourroient une telle conftruction & l'allégation de tous les faits du monde contre une démonftration?

Qu'un Géographe, continue mon Adverfaire,

veuille exprimer dans la pratique la théorie des Géometres sur l'applatissement de la Terre, au lieu de bonnes Cartes & de connoissances certaines, il n'offre aux Navigateurs qu'une chimere: Soyez donc d'accord avec vous-même, M. Zannoni. Si, de votre aveu, *la différence dans la position des lieux placés suivant les deux hypothèses, est tout-à-fait insensible au compas*, il est indifférent à la bonté d'une Carte d'employer l'une ou l'autre hypothèse; & les Cartes construites suivant l'une, ne doivent pas plus offrir aux Navigateurs une chimere, que celles qu'on auroit construites selon l'autre. De plus, je crois vous avoir montré directement que l'applatissement de la Terre n'est nullement une chimere en Géographie. La passion qui vous anime vous sert en vérité bien mal.

Il est impossible, ajoute-t-il encore, *de déterminer à la rigueur le vrai rapport qui est entre l'axe de l'équateur & la ligne qui joint les deux Pôles*; il veut dire, sans doute, entre le diametre de l'équateur terrestre & l'axe de la Terre. Je le répéte : on ne peut résoudre ce problême, comme une infinité d'autres, que par approximation. Dans la vue d'éluder ici la force d'une telle solution, M. Zannoni assure 1.º qu'il *est presque convaincu que la Terre n'est point un solide de révolution*; 2.º *que si elle n'en est pas un, l'augmentation de la pesanteur doit varier à chaque élévation du Pôle*. Mais d'abord, quand même la Terre seroit un solide de révolution, la pesanteur n'y varieroit-elle pas toujours à chaque latitude ? Et n'est-ce pas là un effet nécessaire de la force centrifuge ?

Quant à la premiere partie de cette assertion, M. Zannoni ne prétend sans doute pas y parler

de ces inégalités que produifent fur la terre les
montagnes & les vallées qu'on y connoît, puifqu'il ne doit pas ignorer combien ces inégalités
font légeres ; que ce n'eft pas d'ailleurs par les
points fuperficiels d'où elles réfultent, qu'on juge
de la forme de la Terre, mais par le niveau
qu'affecteroient les mers dans des plans paralleles
à tous les horifons ; & qu'on a enfin jugé jufqu'ici devoir abfolument négliger l'influence de
ces inégalités fur ce même niveau.

Auroit-il donc découvert fur la furface du
globe, foit par la force de fon génie, foit par
des relations de Voyageurs dignes de foi, des
élévations incomparablement plus grandes &
des enfoncemens d'une toute autre étendue que
ceux que nous y connoiffons ? Ou auroit-il apperçu, lors de quelqu'éclipfe de Lune, d'amples
échancrures dans la rondeur de l'ombre terreftre?
Rondeur d'où tous les Savans ont jufqu'ici inféré
avec confiance que la Terre eft un *folide de
révolution*, & que fes méridiens & fon équateur font à peu près des cercles. Qu'il indique &
qu'il prouve, s'il le peut, de tels phénomenes,
ou qu'il nous permette de ne point ajouter foi
à fes rêveries : s'il croit enfin *que la terre n'eft
point un folide de révolution,* qu'il nous dife
comment il peut lui-même lui fuppofer une figure fphérique. Eft-ce qu'un corps fphérique ne
feroit pas un folide de révolution ?

Mais tandis que je joue, que je m'amufe avec
les mauvaifes raifons que M. Zannoni a produit,
il en forge fans doute de meilleures, avec lefquelles il viendra fubitement m'écrafer. Quelle
apparence y a-t-il en effet qu'il eût fans cela re-
jetté l'applatiffement de la Terre, & qu'il trou-

Air même mauvais qu'on y eût égard ? Continueroit-il donc à supposer la Terre sphérique, pour approcher plus que je ne fais des mesures de nos Académiciens ? S'il est fondé en cela, je ne pourrai disconvenir d'avoir failli en un point essentiel ; & pour me punir moi-même, je brûlerai alors formules & calculs, & détruirai toutes les Cartes que j'ai dressées. Avant toutefois de me livrer entierement à l'amertume de ces idées, examinons, éclaircissons les faits, comparons les deux hypothèses.

Que mon Adversaire prenne pour échelle le degré moyen du méridien, qu'il évalue lui-même à 57069 toises ; c'est sans doute le parti le plus favorable à son hypothèse. Cette échelle sera néanmoins continuellement trop courte pour exprimer les degrés des paralleles ; il retranchera témérairement 200 toises de chaque degré de l'équateur ; & avec son échelle il ajoutera audacieusement 320 toises au premier degré de latitude, tandis que je ne le diminue que de 37 toises. Tout cela, comme on peut le voir, n'aboutira qu'à l'écarter des mesures huit à neuf fois plus que moi. En feignant donc de prendre la défense des mesures de nos plus habiles Mathématiciens, il en abuse dans le fait indignement. S'il continue, malgré cela, à dire que *j'ai eu recours à des erreurs hypothétiques dans l'amplitude des arcs célestes, & dans les mesures exécutées avec le plus grand soin, avec les meilleurs instrumens, & par les plus habiles Mathématiciens ;* je répliquerai qu'en procédant de la sorte, j'ai fait tous mes efforts pour approcher de ces mesures autant que je l'ai pu, tandis qu'en supposant la Terre sphérique, il n'en fait lui, réellement nul cas, & n'y a aucun égard, & que je n'ai pas, du reste, la folle prétention de le ramener à mon avis.

D'après ce qui précede, on voit que les latitudes croissantes qui se déduisent de mon hypothèse approchent bien davantage des résultats des mesures actuelles, & sont dès-lors nécessairement beaucoup plus exactes que les anciennes où l'on suppose la Terre sphérique. Il auroit sans doute fallu, pour que mon Adversaire les goutât, qu'elles eussent été d'accord avec son enveloppe cylindrique : mais qu'en auroient alors pensé les Savans qu'il me donne pour Juges, & que j'ai toujours regardés comme les Arbitres de mes Ouvrages?

Qu'il nous apprenne maintenant pourquoi il n'est pas aussi facile d'exprimer le rapport des degrés du méridien à ceux des paralleles dans une hypothèse que dans l'autre? Y auroit-il dans le sphéroïde des grandeurs rebelles qui ne voudroient pas se laisser mesurer, tandis que, dans la sphere, des grandeurs analogues, mais dociles, viendroient, comme d'elles-mêmes, se tracer exactement dans une projection? Il croit, dit-il, avoir démontré l'impossibilité de tracer ce rapport dans le cas de l'applatissement de la Terre : mais je n'aurois pas plus de tort d'avancer qu'il seroit impossible de le tracer, en supposant la Terre sphérique ; car il ne s'agit, dans les deux hypothèses, que d'exprimer par des lignes un rapport donné par des nombres.

On vient de voir que mon Adversaire n'est pas heureux en raisonnemens. Il n'est pas non plus fidele dans les faits qu'il apporte en preuve, comme on a pu en juger par son chassis de 64 pieds quarrés. Voyons s'il sera plus heureux

en autorités ; car il veut prouver son sentiment
par tous ces moyens.

Il assure que l'impossibilité d'avoir égard à
l'applatissement de la Terre en Géographie est
prouvée. Si cela est, on pourroit lui demander
pourquoi il s'efforce de prouver de nouveau cette
impossibilité ; & il le fait, du reste, d'une maniere assez plaisante.

Il cite d'abord les Mémoires des différentes
Académies de l'Europe, & met ainsi en un seul
tas ceux de Paris, de Berlin, les Transactions
philosophiques, &c., puis il dit qu'il *n'y a presque pas de volume qui ne montre le ridicule
de cet appareil mathématique :* mais n'auroit-il
pas dû avoir la complaisance de nous rapporter
quelques citations décisives, & n'eût-ce pas été
là le seul moyen d'engager à croire les autres
sur sa parole ?

Tous les grands Géometres, dit-il, *ont toujours méprisé l'applatissement de la Terre dans
la Géographie pratique.* Parmi les *grands Géometres* très-peu s'occupent de la Géographie ;
& ceux qui ont tourné leur vue de ce côté-là,
sont précisément du sentiment opposé à celui
qu'il leur prête gratuitement.

M. Murdoch a donné des Tables loxodromiques à l'usage des Marins, dans lesquelles il
a égard à l'applatissement de la Terre. Le célè-
bre Géometre Mac-Laurin nous a enrichis d'une
formule très élégante pour trouver les latitudes
croissantes, en supposant la Terre un ellipsoïde.
M. de Maupertuis, illustre Membre de l'Académie Royale des Sciences, qui fut ensuite Pré-
sident de celle de Berlin, & qui, par la mesure
du degré du méridien sous le cercle polaire,
avoit si bien acquis le droit de considérer la
Terre

Terre sous sa vraie figure, nous a aussi fait présent d'une formule, pour ces latitudes croissantes, dans la même supposition. Don Antonio
de Ulloa en a calculé des Tables de minutes en
en minutes. M. Bouguer a aussi donné le moyen
de dresser ces Tables, & a même calculé les
corrections qu'il falloit faire aux anciennes. Tous
ces Géometres habiles ne *méprisoient donc pas
l'applatissement de la Terre dans la Géographie
pratique* ; ils étoient au contraire convaincus
qu'il y a tel cas dans la Marine où des routes
évaluées, en supposant la Terre sphérique, seroient sensiblement différentes des véritables. La
lumiere éclatante qu'ils ont répandue sur ce sujet,
ne seroit-elle donc propre qu'à éblouir M. Zannoni?

Le sentiment unanime de toutes les Académies est que la Terre est applatie vers les Pôles;
& quoique les Savans qui les composent ne
soient pas tout à fait d'accord, ni sur la quantité,
ni sur la régularité de cet applatissement, cela
n'empêche pas néanmoins qu'ils ne pensent tous,
que pour atteindre à une plus grande précision
on ne doive indispensablement y avoir égard.

En effet les Astronomes tiennent compte de
cet applatissement dans tous les calculs où il peut
entrer, tels que ceux des éclipses, ceux de la parallaxe de la Lune, &c. , & nous n'oserons,
M. Zannoni, l'employer sur nos Cartes? On s'en
est heureusement servi dans la théorie pour déterminer la précession des équinoxes, la nuta-
tion de l'axe de la Terre, la diminution continuelle de l'obliquité de l'écliptique; & il ne
nous sera pas permis, M. Zannoni, d'y avoir
égard sur nos Cartes? Enfin l'effet de cet appla-

tiffement fera fenfible , avec nos petits inftru-
mens, dans le Ciel, qui eft fi éloigné de nous ;
& il fera nul, M. Zannoni, fur la Terre , qui
eft fi grande & que nous touchons? Quittez,
Monfieur, quittez cet air de fuffifance; il fait
une oppofition trop ridicule avec la fphere étroite
de vos lumieres.

Mon Adverfaire oppofe à tant de faits, de
raifons & d'exemples, l'autorité de M. d'Alembert , qui lui a écrit, dit-il, une lettre dans laquelle on trouve ces mots : *je vous confeille-
rois de vous en tenir à l'hypothèfe fphérique.*
J'aurois donné moi-même un pareil confeil à
mon Adverfaire. Il eft vrai qu'il fait dire de plus
à ce Géometre philofophe, que *l'hypothèfe
fphérique eft fuffifante pour des Cartes :* oui,
affurément elle eft fuffifante , fur-tout pour les
Zannoni. Mais cela nous empêchera-t-il, pour
atteindre à une plus grande précifion, d'avoir
égard à l'applatiffement de la Terre, fpéciale-
ment dans les Cartes marines? Si donc M. Zannoni prétend faire dire à M. d'Alembert qu'il
eft d'un fentiment oppofé au mien, il a certainement tort : s'il ne le prétend pas , il étoit inutile de m'oppofer une autorité fi refpectable.

Je ne diffimulerai pas que nos Géographes
n'ont tenu, jufqu'à ce jour, aucun compte de l'applatiffement de la Terre dans leurs Cartes. Mon
Adverfaire n'a pas fongé à tirer tout l'avantage
qu'il auroit pu de la conduite de tant d'habiles
gens à un tel égard ; c'eft néanmoins l'argument
qui m'embarraffe le plus. Mais fans déroger à
la confidération que j'ai pour eux , fans rien
diminuer de l'eftime finguliere que je fais de
leurs travaux, & fans admirer même moins les

talens de quelques-uns d'entre eux, j'oferai oppofer des raifons à l'induction qu'on prétendroit
tirer contre moi de leur exemple.

Il eft tant de connoiffances relatives à la
Géographie, & l'efpace de la vie propre à les
acquérir eft fi court, que l'attention du Géographe ne fauroit guere ne point perdre de fon
énergie, en s'étendant dans fi peu de tems fur
un fi grand nombre d'objets, & il devient ainfi
prefqu'indifpenfable de s'attacher par goût à
quelques parties, préférablement à d'autres auffi
utiles.

Entre ces différentes études, celle des projections, qui eft une des plus faciles pour ceux
qui ont les connoiffances Mathématiques néceffaires, eft pourtant la plus négligée ; &
c'eft-là vraifemblablement une des raifons qui
ont jufqu'ici éloigné les Géographes d'avoir
égard à l'applatiffement de la Terre.

D'ailleurs il fuffit ordinairement qu'une
nouvelle découverte ait peu d'analogie avec
nos idées pour qu'on la rejette. Tel fut en
particulier le fort de la Philofophie de Defcartes.
Combien de peine n'eut-elle pas à être admife,
& ne fut-il pas réfervé à la génération qui fuivit
ce grand homme, de le venger de l'outrage qu'on
lui avoit d'abord fait en refufant même de la
tolérer ?

L'attraction, fi propre à marquer aux planettes la route qu'elles doivent fuivre dans les
efpaces céleftes, trouva durant l'efpace de trente
ans, du moins hors de l'Angleterre, autant de
Contradicteurs que d'Aftronomes, & n'a été enfuite généralement reçue qu'après que divers
Mathématiciens, trop jeunes encore pour avoir

adopté aucune opinion , & pour rougir d'en changer, se furent mis en état d'en bien saisir l'anologie avec la marche de la nature, & de la défendre.

Et puisque un grand nombre de vérités nouvelles se sont établies de cette sorte, on peut présumer que les jeunes Géographes non prévenus, & munis de connoissances mathématiques suffisantes, qui succéderont à ceux d'aujourd'hui, recevront unanimement l'applatissement de la Terre.

M. Zannoni n'aura sans doute pas assez peu de logique pour penser que je veuille ici me comparer aux Descartes & aux Newton, sur-tout s'il fait attention que l'Académie Royale des Sciences a presque tout fait, & moi rien dans l'importante question dont je m'occupe. Tout ce qu'il doit y appercevoir, c'est le desir ardent que j'aurois que l'Académie eût, en cette occasion, la gloire qu'elle a si bien méritée, & qu'elle a eue dans tant d'autres , de voir passer jusques dans la Géographie le fruit de ses travaux.

Je vais terminer cette Section par un résumé succint des raisons qui précedent.

1.º Les mesures de différens degrés prises par les plus célebres Mathématiciens, ayant toute l'authenticité possible, doivent nécessairement être admises dans la Géographie.

2.º Ces mesures & la théorie qu'elles confirment suffisent pour déterminer à fort peu près le rapport du diametre de l'équateur à l'axe de la Terre, & pour fixer la nature de la courbe que forment les méridiens, courbe qui est très approchante de l'ellipse.

3.º La loi que les augmentations des degrés

de latitude fuivroient alors eft de plus indiquée par des obfervations d'une autre efpece, celle des accroiffemens du pendule.

4.º J'ai cité quelques-uns des Savans du premier ordre, & des mieux inftruits fur cette importante matiere, qui ont jugé l'applatiffement de notre globe affez confidérable pour qu'on dût en tenir compte, fur-tout dans les Cartes marines, & qui ont même, à ce dernier égard, applani toutes les difficultés que les Géographes pouvoient rencontrer.

5.º Il eft vrai qu'en continuant à fuppofer la Terre fphérique, on ne court rifque de fe tromper que d'une affez petite quantité ; mais il ne l'eft pas moins, que cette petite quantité elle-même peut avoir des conféquences fâcheufes ; enforte qu'il n'eft point de raifons folides qui puiffent autorifer à la négliger. En fuppofant, par exemple, vingt lieues marines dans chaque degré de l'équateur, n'y en eût-il qu'une à fouf-traire fur les fix premiers degrés de latitude, on doit la retrancher, & ne point dilater cet arc du méridien.

6.º Si les angles que le méridien forme avec la route qu'on doit tenir en mer, pour aller d'un endroit à un autre, étoient les mêmes fur le fphéroïde & fur la fphere, cette inégalité des degrés ne tireroit pas tant à conféquence ; mais ces angles font de différentes valeurs ; & en fuppofant, ce qui arrive ordinairement, qu'un Navire change fouvent de direction pour aller du premier de ces lieux au fecond, il peut y avoir une grande différence, tant entre le chemin du vaiffeau qui fait voile fur la fphere & celui qui navigue fur le fphéroïde, que dans le rumb en ligne droite entre l'un & l'autre de ces lieux.

7.° On m'objectera inutilement que dans la pratique de la navigation il se commet de bien plus grandes erreurs. Cette pratique peut se perfectionner avec le tems: mais le contraire fût-il même démontré, il ne seroit pas moins constant que ces erreurs seroient encore augmentées dans certains cas, par le défaut général de la Carte, & que la somme des deux erreurs pourroit devenir funeste, tandis qu'une seule ne l'auroit pas été.

8.° Enfin toutes ces réflexions sont confirmées à un haut point par l'usage universel que les Mathématiciens font de l'applatissement de la Terre dans la théorie & la pratique de l'Astronomie.

D'où je conclus généralement que le nouveau degré de précision qu'on obtiendroit en admettant l'applatissement de la Terre dans la Géographie, contribueroit nécessairement à rendre nos Cartes plus exactes dans leurs proportions, & la navigation plus sûre, & mériteroit bien dès lors la peine qu'on se seroit donnée pour l'obtenir.

Voilà la plupart des raisons que j'avois à produire sur ce sujet. J'en augure bien, parcequ'il n'y a que pour les Zannoni, qui croient qu'il est dangereux & impossible d'avoir égard à l'applatissement de la Terre dans la Géographie, qu'elles ne soient d'aucun poids.

SECONDE SECTION.

Que M. Zannoni a copié le petit Atlas maritime des côtes de France, sinon en tout, du moins en grande partie.

QUAND on veut nuire à quelqu'un, on ne cesse de le déprimer, & souvent même on se permet de l'outrager : mais la méchanceté est quelquefois mal-adroite ; & ce n'est pas toujours en parlant contre sa conscience qu'on se fait des partisans durables, & qui soient redoutables à des antagonistes.

M. Zannoni sait fort bien que je n'ai jamais prétendu avoir eu part à la réduction qu'un Dessinateur, qui travailloit alors pour lui, a fait vraisemblablement sous ses yeux, des plans de nos principaux Ports, qu'on voit à la suite du *petit Atlas maritime des côtes de France* ; il m'accuse pourtant de m'en être approprié trois qu'il reclame. Qu'ils lui appartinssent ou non, il est certain qu'il les avoit vendus au Sieur Latré, qui a cru en conséquence être en droit de les placer, avec plusieurs autres, à la suite du petit Atlas ; mais quant à moi, je les lui abandonne sans réserve, ainsi que ceux même qu'il ne reclame pas : je déclare donc ici n'avoir eu part, ni directement, ni indirectement, à aucun, & consens de bon cœur que mon Adversaire se fasse honneur, puisqu'il en est jaloux, de si minces objets. Or, cela posé, si les longitudes qu'on a données aux places que représentent ces plans

C iv

ne font pas les mêmes que celles que j'attribue aux mêmes lieux fur ma Carte, il eft vifible qu'il n'y a en cela nulle contradiction de ma part.

Avant d'aller plus loin, il ne fera pas inutile d'examiner fur quoi M. Zannoni appuie la haute idée qu'il a de fes talens.

Prefque toutes les Cartes qui font forties de fes mains depuis qu'il eft à Paris, & il en avoit dreffé fort peu d'autres auparavant, font de mauvaifes copies. Si on vouloit cependant l'en croire, elles feroient propres à fervir de modeles à tous les Géographes futurs. Malheureufement il n'y a guere que quelques gens intéreffés à en dire du bien qui en aient fait l'éloge ; mais ils fe font tus dès qu'ils ont vu que cela étoit inutile, & que les gens éclairés fe mocquoient d'eux.

Ses Cartes font fi peu réfléchies, que fur une d'entre elles il a placé trois ou quatre fois plus d'écriture qu'il n'y en faudroit ; de forte qu'on a peine à y lire, même avec une loupe. Dans une autre, il a mis les titres en une langue que perfonne de Paris n'entend. Ici, au lieu de prairies riantes, au lieu de plaines agréables & fertiles, ce font de vaftes amas de montagnes efcarpées jufqu'aux nues, accompagnées de chemins, enfans pour la plupart de l'imagination. Là, après avoir copié une Carte d'un de ces hommes rares, à la gloire defquels celle de la Géographie eft attachée, il auroit eu l'ingratitude de lui vomir des injures fi on ne l'en eût empêché. Tous les habiles gens lui portent ombrage ; mais il a beau fe déchaîner contre eux, il n'en eft pas plus apperçu.

Cet homme-là eſt ſi habitué à contrefaire leſ ouvrages d'autrui, qu'il a vendu, ſous des formats différens, & comme Cartes originales, deux fois la copie de l'Allemagne, par l'Académie de Berlin.

Nous donne-t-il une Carte de France, il la décore d'un titre pris dans la langue d'Homere, comme s'il étoit un grand Grec. Dans cette Carte, les méridiens & les paralleles, qui s'y trouvent de cinq en cinq minutes, ne gardent entre eux aucune proportion ni régularité, & ſemblent avoir été tracés à l'aveugle. Annonce-t-il depuis long-tems au Public une Carte d'Allemagne en pluſieurs feuilles? Voici en peu de mots quelle en eſt la vraie hiſtoire.

Il l'avoit d'abord entrepriſe pour M. de Lanſelles, ancien Capitaine d'Infanterie & de Cavalerie, attaché à M. le Maréchal Prince de Soubiſe. Il ſollicita, enſuite preſſa pendant plus de ſix mois, & détermina enfin, à l'inſçu de M. de Lanſelles, le Sieur Latré, Graveur, à exécuter auſſi ſur l'Allemagne une pareille Carte, ſe gardant bien, du reſte, de le prévenir de ſes conventions au même égard avec M. de Lanſelles. Ces deux MM. ſe trouverent donc en concurrence ſans le ſavoir. La conduite de mon Adverſaire fut bientôt éclairée. Mais falloit-il que M. de Lanſelles abandonnât un ouvrage qui lui avoit déja occaſionné de groſſes dépenſes ? ou bien le Sieur Latré devoit-il perdre ſes avances? On prit des deux côtés le parti de continuer ; & mon Adverſaire, qui faiſoit peu d'ouvrages, reçut de l'argent de deux mains. Cependant MM. de Lanſelles & Latré ne voyant point avancer les deſſeins de leurs Cartes, ſe laissent de toujours donner. Voilà l'ouvrage suspendu ; & M. Zannoni, Débiteur envers M. de Lanselles de 1543 livres 5 sols, de compte arrêté, & de 844 livres 15 sols, dont il n'a pas justifié l'emploi, & envers le Sieur Lattré, de 1133 livres 8 sols 9 deniers, tant pour l'argent fourni sur le dessein de la Carte d'Allemagne, que pour 240 livres 17 sols payé sur un dessein d'une Carte d'Espagne.

M. Zannoni n'a achevé ni rendu aucun de ces desseins. On a eu depuis des entrevues ; il y a eu des Médiateurs pour s'accommoder des termes de prix ; mon adversaire qui fait sans doute peu de cas de la sainteté des engagemens, n'en a point tenu, & a usé toutes les voies de conciliation. Ces affaires enfin en sont au même point depuis trois ans : mais y resteront-elles toujours ?

. J'ai dressé de mon côté, aux heures où mes Eleves m'occupoient le moins, quelques Cartes pour le Sieur Lattré. Mon Adversaire s'étant interdit par les irrégularités de ses procédés cette ressource, aussi nécessaire pour lui qu'elle m'est peu utile, a pris injustement en haine, & le Sieur Lattré, qui ne vouloit plus lui donner d'argent, & moi, qui n'avois jamais cherché qu'à l'obliger. Le libelle qu'il a fait contre moi est un fruit de sa vengeance, & les copies de divers ouvrages du Sieur Lattré en sont un autre. Il s'efforce de se défendre, devant le Public, de l'accusation de Plagiat à mon égard, comme si c'étoit une chose bien rare que de lui voir s'approprier les travaux d'autrui : mais c'est en vain qu'il se débat. J'ai à produire sur ce sujet des raisons démonstratives.

Je crois qu'il est ici nécessaire de prévenir que j'ai cédé mon droit sur le petit Atlas maritime des côtes de France, aussi-tôt qu'il fut dressé. Il n'y a donc que le seul intérêt de la vérité qui me fasse prendre sa défense. C'est un enfant que j'ai en quelque sorte envoyé chercher fortune, mais à qui je dois, dans l'occasion, montrer quelque reste d'attachement.

Le Sieur Zannoni, pour tâcher de faire trouver défectueuses les latitudes croissantes que j'ai employées dans l'Atlas maritime des côtes de France, & afin de dépayser d'autant le Lecteur sur son Plagiat, essaie inutilement d'établir que le papier, en séchant, se retire dans un sens d'une soixante-douzieme partie, & dans l'autre, seulement d'une cinquante-unieme. Les preuves qu'il dit en avoir données, en quelque endroit qu'elles soient, ne valent rien.

1.º Le papier plus ou moins épais, plus ou moins collé, plus ou moins mouillé pour l'impression; un tems plus ou moins chaud, plus ou moins humide; un bras plus ou moins nerveux à la presse, &c., toutes ces circonstances produisent nécessairement des différences dans le degré auquel le papier humecté peut se contracter en séchant; mais elles ont échappé à mon Adversaire.

2.º Tout le monde convient que le papier se retire en séchant d'environ une ligne sur six pouces dans tous les sens, j'en ai fait moi-même plusieurs fois l'expérience; & que s'il se rétrécit plus ou moins dans l'une de ses dimensions, il se rétrécit aussi plus ou moins à proportion dans l'autre;

3.° Qu'on applique sur ma Carte les latitudes croissantes, ou parties méridionales que voici, & qu'exige l'applatissement de la Terre, que j'ai adopté, on verra qu'elles sont en effet, de notre planette, un véritable sphéroïde applati, & que mon Adversaire ne sauroit l'empêcher.

Lat.	Lat. croiss.
42.°	2764
43	2845
44	2927
45	3011
46	3096
47	3181
48	3271
49	3361
50	3453
51	3547

4.° Enfin c'est bien mal à propos que M. Zannoni se vante d'avoir autrefois calculé une Table des latitudes croissantes dans la supposition de $\frac{1}{178}$ d'applatissement : sa bévue de l'enveloppe cylindrique l'en suppose absolument incapable. De plus, son âge ne permettroit point qu'il l'eût fait depuis aussi long-tems qu'il veut le laisser entendre. Comme M. Bouguer a donné une Table sur ce sujet, & dans la même hypothèse, long-tems avant que mon Adversaire se mêlât de Géographie, il est plus que probable qu'il a tiré de cette Table, avec laquelle ma Carte ne doit point s'accorder, l'exemple qu'il apporte pour en combattre la précision.

Nos latitudes croissantes ayant été mises à la coupelle, examinons celles de M. Zannoni. Il dit s'être servi, dans la composition de sa Carte, de son *enveloppe cylindrique*, ne s'appercevant pas que si la chose avoit eu lieu, il auroit trop allongé la France, du Sud au Nord, de près de 80 lieues marines, ou, ce qui revient au même, il auroit rendu ce beau Royaume environ un tiers trop grand. Concluons donc, au lieu de cela, qu'ayant trouvé dans le premier Traité de Pilotage qui lui sera tombé sous la main, des latitudes croissantes toutes calculées dans l'hypothèse de la Terre sphérique, il les aura employées fans façon , & qu'un motif de pure vanité l'a depuis conduit à affirmer fauffe-ment & au hafard qu'il les eût déduites de fon abfurde enveloppe.

Dans les Cartes réduites , les dégrés de lati-tude doivent croître à mefure qu'ils approchent de l'un ou l'autre pole en raifon inverfe de la diminution des paralleles fur le globe ; & fans doute que les Tables dont mon Adverfaire s'eft fervi , obfervoient cette loi : cependant , dans l'application , il fait le degré du Méridien com-pris entre le 48. & le 49. degrés de latitude précifément égal à celui qui eft compris entre le 49 & le 50.° tandis que celui-ci doit être à l'autre comme 51 eft à 50. L'égalité qu'il fait régner entre ces degrés , fuppoferoit un énorme vallon fur le 49.° Si ce vallon exiftoit dans la nature , les Villes de Conftance , de Torigny , d'Orbec , d'Evreux , &c. ne pourroient fervir de demeure qu'à des poiffons , & la mer couvriroit tout ce beau pays.

M. Bellin , Ingénieur de la Marine & Cen-feur Royal , fut nommé pour examiner le petit Atlas maritime des Côtes de France. J'avois intitulé cet Ouvrage : *Petit Neptune François.* Le Cenfeur refufa , par des raifons que je ne chercherai pas ici à pénétrer , de laiffer paffer ce titre. M. Zannoni qui travailloit alors pour le Sr Lattré , n'a point ignoré ce fait : je le lui ai appris moi-même. Comme il a trouvé ce titre heureux * , il l'a donné à la copie qu'il a faite de mon Ouvrage.

---

* Le fieur Defnos imite fort bien M. Zannoni , il commen-ce à donner à un de fes Ouvrages le titre d'*Atlas moderne* , parce que le fieur Lattré a publié en 1762 , pour l'étude de la Géographie moderne , une Collection de Cartes fous le même titre , qui a été bien accueillie du Public.

Il fait en quelqu'endroit de fa Differtation, l'énumération très-incomplexe des foins que doit prendre un Hydrographe pour drefler une Carte marine. Ces précautions, de même que beaucoup d'autres dont il ne dit rien, je les avois prifes pour lui. Enfuite il demande s'il expofera les méthodes pour pointer & réduire les routes ; on l'en difpenfe. Ce n'eft point à celui qui prétend appliquer l'enveloppe cylindrique de la Sphere à la conftruction des Cartes réduites, qu'il appartient d'expliquer ces chofes ; on les trouvera ailleurs beaucoup mieux qu'il ne pourroit les donner.

La Table de fes longitudes comparées aux miennes, eft abfolument fauffe ; & fes longitudes font de plus les mêmes que celles de ma Carte, à quelques légeres différences près, inévitables dans une copie. Je ne comprends pas comment il a pu avoir le front de m'oppofer des longitudes & latitudes qu'il n'adopte point lui-même. Ne feroit-ce pas là tendre un piége au Public ? N'eft-ce pas auffi . . . . ? Voici quoi qu'il en foit, les longitudes de M. Rizzi, & les miennes.

	Suivant fa Carte.	*Suiv. la mienne.*
Latitude de S. Michel	48.° 39′	48.° 39′
Long. de Granville	3.° 58′	3.° 59′
Long. de Craufon	6.° 54′	6.° 55′
Long. de Vannes	5.° 11′	5.° 10′ $\frac{1}{2}$
Long. de l'Orient	5.° 47′	5.° 47′
Long. de Croifie	4.° 53′	4.° 55′
Long. de la Rochelle	3.° 31′	3.° 33′
Long. de Rochefort	3.° 22′	3.° 22′
Long. de Cordouan	3.° 34′	3.° 35′

Les gens de l'art favent, qu'on ne peut réduire un deffein, prendre un calque de cette
réduction, l'appliquer fur le cuivre & le graver, fans qu'il furvienne quelques dérangemens
qui fe trouvent même rarement auffi peu con-
fidérables que le font les différences en longitude entre ma Carte & celle de mon Adverfaire, dans laquelle un écart d'une ligne em-
porteroit tout d'un coup 5 minutes de longitude. Il affure avoir fait ufage des Obfervations
de l'Académie avec lefquelles ma Carte ne doit
pas tout-à-fait fe rapporter ; mais ces obfervations donnent auffi des réfultats affez différens
de ceux que lui & moi ont employés pour qu'il
foit bien difficile de regarder comme involon-
taire cette méprife de fa part.

M. Zannoni dit avoir préféré la Carte de M.
le Chevalier de Beaurain à la mienne. Afin
qu'on apperçoive plus aifément ce qu'il en eft,
comparons ces différentes Cartes. Je ne fuis pas
embarraffé du nombre, mais du choix des points
à comparer.

Pourquoi la rade de Saint-Jean renferme-t-
elle dans la Carte du Chevalier trois embou-
chures de rivieres qu'on ne trouve pas fur la
Carte du fieur Rizzi ? Cela ne viendroit-il point
de ce qu'elles ne font pas fur la mienne ?

Pourquoi ce banc, qui eft à trois lieues au
Nord-oueft d'Ambleteufe, defcend-il fur ma
Carte & fur celle de mon Adverfaire 4 minutes
plus bas que fur celle du Chevalier ?

Pourquoi le banc du Quemer, qui reffemble
à un fer à cheval, a-t-il fes deux branches éga-
les fur la Carte du Chevalier, tandis que la
branche inférieure fur ma Carte & fur celle de
M. Zannoni n'eft qu'environ la moitié de la

branche supérieure ? Eſt-ce parce que mon Adverſaire a copié M. le Chevalier qu'ils ſe reſſemblent ſi peu ?

Pourquoi ſur la Carte du Chevalier vers Fécamp , la mer creuſe-t-elle le rivage , & que ſur ma Carte & ſur celle de Zannoni , c'eſt au contraire le rivage qui avance dans la mer ? Eſt-ce qu'en copiant le Chevalier , mon Adverſaire auroit fait une Carte qui ſeroit l'antipode de ſon original ?

Pourquoi entre ce dernier Cap & le Cap de la Heve , près du Havre , la mer , ſur la Carte du Chevalier , s'avance-t-elle dans les terres en arc de cercle , & que s'il y a de la courbure en cet endroit ſur la mienne & ſur celle du Sr Zannoni , elle eſt en ſens contraire ?

Pourquoi , depuis Cherbourg & même endeça , juſqu'à Jobourg en tournant le Cap de la Hague , y a-t-il ſur la Carte du Chevalier , un banc de ſable preſque continu qui borde le rivage , tandis que ſur ma Carte & ſur celle du ſieur Rizzi , on n'en voit pas la moindre trace ?

Pourquoi le banc ſitué au Nord-Eſt de Jerſey , qui reſſemble à une patte d'écreviſſe , ſe trouve-t-il ſur la Carte de mon Adverſaire ? Avant ſa copie , il n'avoit jamais paru gravé que ſur ma Carte ; & il n'a employé , il en convient lui-même , aucun deſſein manuſcrit.

Le banc entre les Iſles Chauſey & Granville , où l'a-t-il pris encore ? Il eſt dans le cas du précédent : je les ai extraits tous deux d'une Carte manuſcrite qui me fut envoyée de Granville en 1756 par M. le Chevalier de Courſelles , à qui j'ai eu l'honneur d'enſeigner les Mathématiques.

Mais les *pourquoi* ne finiroient pas ſi l'on

vouloit

vouloit examiner tous les traits de reſſemblance qui ſe trouvent entre la Carte du Sieur Zannoni & la mienne, & les différences énormes qui ſe rencontrent entre ſa Carte & celle du Chevalier qu'il prétend avoir copiée. Il eſt ſingulier que mon Adverſaire, en réduiſant la Manche du Chevalier de Beaurain, ait fait une copie qui reſſemble, aux fautes près qu'il y a ajoutées, parfaitement à ma Carte, laquelle, comme on vient de le voir, eſt diamétralement oppoſée, dans les détails, à celle du Chevalier.

Mon Adverſaire aſſure avoir ſuivi la Carte du Golfe de Gaſcogne, de l'Ingénieur de la Marine. Il me ſeroit facile de prouver le contraire. J'obſerverai ſeulement que les longitudes du Sieur Zannoni, qui ſont autant d'accord avec les miennes qu'elles peuvent l'être, ne le ſont pas de même avec celles de l'Ingénieur du Dépôt. Ce banc, ſitué au N E de l'Iſle Dieu, & qui avoiſine la côte du Poitou, mon Adverſaire le fait beaucoup trop courir dans la mer, & l'élance même dans l'eau juſqu'à ſept fois plus que l'Ingénieur de la Marine, qu'il dit avoir copié.

Les Banches vertes & Rochebonne avoient d'abord été oubliées par le Graveur, ſur ma Carte, quoique je les euſſe placées ſoigneuſement ſur le deſſein ; il y a long-tems que cette omiſſion eſt réparée. Je ſuis bien marri de mon inattention ; ſans cela le Sieur Zannoni n'eût pas placé ces rochers ſept lieues plus près de la côte qu'ils ne ſont en effet. Il auroit encore mieux valu qu'il n'en fit point mention du tout que de les avoir ſi mal placés ; car il eſt moins dangereux pour les Navigateurs d'ignorer où ces rochers ſont exactement ſitués, que de les croire où les place la Carte de mon Adverſaire, &

D

où certainement ils ne font pas. Dans le premier cas on eft fur fes gardes, & dans le fecond on peut échouer lorfqu'on fe croit loin des dangers.

Quel flux d'injures ne me vomit-il pas au fujet de cette omiffion! A l'entendre, jamais les brigands ni les corfaires ne peuvent faire plus de mal aux Navigateurs que moi qui ne travaillois même pas pour leur ufage en cette occafion, ainfi que j'ai eu foin d'en avertir.

M. Zannoni étrangle vers fon milieu l'Ifle de Rhé, au point de ne lui pas laiffer en cet endroit la moitié de la largeur qu'elle y a réellement, & il fait la côte de Cordouan à Andaye de beaucoup trop droite. En jettant les yeux fur les détours des rivages de la mer, fur leurs plis & replis, leurs dentelures, leurs feftons, on s'apperçoit affez que la nature, en pareil cas, ne trace pas fes opérations au cordeau, comme mon Adverfaire voudroit le perfuader. L'Ingénieur de la Marine n'a pas fait ces fautes-là, non plus que celle de donner à la Gironde une forme purement idéale.

Quant aux Cartes de Berthelot & de Michelot, fur le Golfe de Lion, que M. Zannoni dit avoir confultées, ce n'a pas été affurément pour les fuivre. Sa copie fur cette partie, qui imite autant bien ma Carte qu'il eft poffible, reffemble incomparablement moins aux originaux qu'il cite, que la Manche ne reffemble à la Carte de M. de Beaurain. Un coup d'œil éclairé qu'on me feroit plaifir de jetter fur ma Carte & fur fa copie, en apprendroit plus là-deffus en un moment que je ne puis en dire ici.

Pour faire une faftueufe parade de recherches, M. Zannoni cite des Journaux de navigation

S'il les a confultés depuis la publication de fa Carte, il étoit inutile d'en parler: fi ç'a été auparavant, il falloit faire paffer les richeffes qu'ils contiennent fur fa copie.

Il demande dans quelles fources j'ai puifé, & fi j'en connois. J'ai puifé dans la plupart de celles qu'il indique, & auffi dans plufieurs autres qu'il n'indique pas, & il eft évident que j'y ai puifé pour moi & pour lui.

J'ai dit que j'avois affujetti à la chaîne de triangles, qui lie les principaux points de nos côtes, les matériaux que nous en avons, & mon Adverfaire prétend avoir montré que cela n'eft pas. Où l'avez-vous fait voir, M. Zannoni? Je répete encore que la chofe eft vraie ; & fi j'étois du refte en défaut de ce côté-là, il s'enfuit bien clairement de ce qui précede, que vous y feriez vous-même.

Les obfervations fur la déclinaifon de l'aîmant font jugées peu nombreufes par mon Adverfaire, parcequ'il n'en connoît que peu : fon point d'échelle étoit cependant affez confidérable pour en admettre, mais il falloit déguifer ma Carte. La Table qu'il donne de ces variations, d'après, dit-il, MM. Mountaine & Dodfon, eft en contradiction avec cès MM. eux-mêmes. A la latitude Nord de 50.° & à 5.° Oueft de Londres, ils indiquent 17.° de variation pour 1744, & 19.° $\frac{1}{4}$ pour 1756, ce qui fait un accroiffement annuel de 11' $\frac{1}{4}$; ainfi cès laborieux Anglois n'ont pas fuppofé cette variation de 9' $\frac{1}{7}$ par an fur nos parages, comme le Sieur Zannoni ofe l'affurer ; & s'ils ont indiqué dans d'autres points du voifinage de nos côtes un moindre accroiffement annuel, c'eft que ce progrès n'eft pas en effet le même dans toute l'étendue en longitude & en latitude qu'elles occupent.

. Les déclinaisons de l'aiguille ont été inscrites dans ma Carte pour l'année 1761, M. Zannoni les veut toutes infirmer. Pour abréger, j'examinerai seulement le point qu'il trouve le plus défectueux. Il est situé vers le S S O de Brest, par 48.° 10′ de latitude, & par 7.° 30′ de longitude occidentale de Paris. J'ai marqué sur ce point 19.° de variation; mon Adverfaire n'y en voudroit que 18.° 13′.

Quoique les obfervations fur la déclinaison de l'aimant aient eu jufqu'à ce jour peu de précision, j'ai peine à croire que je me fois trompé de plus des trois quarts d'un degré, & le calcul du Sieur Zannoni fur ce fujet pourroit bien être mal entendu.

En effet M M. Mountaine & Dodfon, à 5.° Ouest de Londres, ou à 7.° 25′ Ouest de Paris, ont trouvé par la latitude de 45.° la variation de 16.° $\frac{1}{2}$ en 1756, avec une augmentation d'environ 5′ par an. Ainfi cette variation devoit être, pour 1761, de 16.° 55′. Par la même longitude, & à 50.° de latitude, ces M M. ont trouvé la variation de 19.° $\frac{1}{4}$ pour 1756, avec une augmentation annuelle de 11′ $\frac{1}{4}$; ainfi cette variation, pour 1761, étoit de 20.° 11′ 15″. La variation fur le méridien fitué à 7.° 25′ Ouest de Paris, augmentoit donc en 1761 de 3.° 16′ 15″ depuis 45 jufqu'à 50.° de latitude; & diftribuant proportionnellement ce progrès fur cet arc du méridien, on y trouvera 18.° 59′ 17″ $\frac{1}{2}$ de variation en 1761, par la latitude de 48.° 10′. Or le point dont on cherche ici la variation, eft par la même hauteur & 5′ plus à l'Ouest; donc la déclinaison doit y être encore plus grande. Ainfi la variation con-

restée a dû être supposée, d'après MM. Mountaine & Dodson, de 19.° en 1761.

De plus, la déclinaison de l'aiguille à Brest
étoit en 1753 de 17.° 45′, & en 1758 elle éga-
loit 18.° 30′, comme on peut le voir par les
Journaux de navigation des vaisseaux qui sont
entrés & sortis de ce Port dans ces deux différentes années ; ainsi en 1761, elle devoit être
de 18.° 57′ ; à Paris, dans la même année, elle
étoit de 18.° 30′. Entre ces deux Villes, 40′ de
longitude de plus vers l'Ouest augmentoient
donc alors la variation de 2′ 38″. Or, le point
dont nous cherchons la variation est 40′ plus
à l'Ouest que Brest ; ainsi la variation a dû encore y être, comme ci-devant, en 1761 de 19.°
J'ai pris les mêmes précautions, qui sont aussi
sûres qu'elles sont étendues, pour tous les points de
la Carte, où j'ai marqué la variation de l'aîmant.

Que mon Adversaire se déchaîne donc sans
cesse contre la vérité ; qu'il fasse contre mes
résultats un fol abus de calcul qu'il n'entend pas ;
qu'il s'aiguillonne pour persuader qu'il a employé dans sa Table *la formule du maximum*,
dont ces matieres ne sont nullement susceptibles ;
qu'il exprime même cette Table en minutes,
tandis que ses Maîtres, MM. Mountaine &
Dodson, n'ont osé l'exprimer qu'en quarts de
degrés. Malgré cet échafaudage monstrueux ,
toutes ses conclusions n'en échoueront pas moins
sur le roc inébranlable de l'observation.

Pour défigurer de plus en plus ma Carte dans
sa copie, M. Zannoni a encore supprimé dans
celle-ci deux choses très-curieuses & très-utiles,
savoir , l'heure de l'établissement des marées
& la hauteur à laquelle l'eau monte dans les
grandes malines ; ma Carte le dispensoit cepen-

dant de toute recherche à cet égard, comme sur tout le reste., & le point d'échelle de la réduction étoit suffisant pour remplir de tels objets. D'ailleurs les Cartes particulieres de nos côtes, en huit feuilles d'aigle, qui doivent suppléer à ces omissions, selon la promesse brillante du Sieur Zannoni, ne paroîtront jamais. Il a, avec raison, tant de peur d'être à chaque moment oublié du Public, qu'il l'inonde continuellement d'annonces pompeuses de sa part qui n'ont jamais eu leur exécution, de prétendues analyses dont les Cartes n'ont jamais été ébauchées, de promesses vaines qu'il est incapable de tenir, de libelles contre d'honnêtes gens qui ne lui ont jamais fait que du bien. Mais qu'on est petit aux yeux des bons Juges, quand on est monté sur de telles échasses! Les vrais talens sont plus modestes ; & si le Public se laisse quelquefois tromper, ce n'est pas impunément. J'apprends peut-être trop tard à mon Adversaire cette importante vérité.

Pour finir sur ce sujet, supposons, contre toute vraisemblance, que les huit Cartes de grand-aigle viennent subitement à paroître, ne sera-ce pas alors une chose curieuse que de voir des Cartes petit *in*-4.º servir de Cartes générales à de grandes feuilles d'aigle ? Les habiles gens commencent d'ailleurs par les détails, qu'ils réduisent ensuite : mais M. Zannoni se distingue ; il prend précisément le chemin opposé : ce seroit pour lui une route trop battue, que celle qu'il faut suivre pour bien faire.

Le Sieur Zannoni, dans sa copie, a jetté les sondes au hasard sur la mer. Il prétend prouver le contraire, en disant que celles de la Manche sont tirées, 1.º du Chevalier de Beaurain, 2.º de

Journal du voyage de Barbot, de Plymouth à Breſt & au Kalabar en 1704, 3.º de celui du Vaiſſeau le Georges en 1740, & des remarques de M. de Chazelles. Cependant, à environ cinq lieues au NNO de Dieppe, le Chevalier marque 20 braſſes, & mon Adverſaire 28. Depuis l'embouchure de l'Orne juſqu'au Cap de Barfleur, en tournant on trouve 20, 28, 35, 32, 30, 25, 17 braſſes ſur la Carte de mon Adverſaire, & rien dans tout ce trajet ſur la Carte du Chevalier. Ces ſondes viendroient-elles du Journal de Barbot en allant de Plimouth à Breſt & au Kalabar? Entre le Cap Flamenville & le Nord de l'Iſle de Greneſey il y a 31 braſſes ſur la Carte du Chevalier; mon Adverſaire, plus économe, n'y en a mis que 18. Cette énorme diminution ſeroit-elle tirée des remarques de M. de Chazelles? A l'Oueſt des bancs Grelets, on trouve 27 braſſes ſur la Carte de M. Zannoni; & rien ſur celle du Chevalier; à l'Eſt de l'Iſle Brehat, dont le nom manque ſur la copie du Sieur Zannoni, il y a 10 braſſes écrites quatre fois en ſautoir ſur la Carte du Chevalier; le Sieur Zannoni a oſé y en écrire le double: ce changement lui a ſans doute été indiqué par le Journal du Vaiſſeau le Georges. A la côte ſeptentrionale de Bretagne, autour des Triagons, en tournant de l'Eſt vers le Nord, il y a ſur la Carte du Chevalier 18, 22, 18, 30 braſſes, & ſur celle de M. Zannoni 20, 21, 25. En voilà aſſez pour qu'on puiſſe appercevoir les défauts énormes des ſondes de la Manche ſur cette copie. Paſſons au Golfe de Gaſcogne.

Les ſondes du petit Neptune ſont extraites pour cette partie, dit mon Adverſaire, de la Carte de M. Bellin. Ce n'eſt aſſurément pas de la ſeconde

Édition, qui eſt de 1757, & que j'ai ſous les yeux *, c'eſt ſans doute de la premiere, qui eſt de 1750, & que je n'ai pas à la main. Quoi qu'il en ſoit, j'ai ſi bien appris à me défier de M. Zannoni, que je préſume qu'il n'aura pas extrait ces ſondes plus fidelement que celles du Chevalier de Beaurain ; mais fuſſent-elles même exactement conformes à celles du Golfe de Gaſcogne, de 1750, elles n'en vaudroient pas mieux. Les Marins ſe plaignoient depuis long-tems du défaut des Cartes de ce Golfe à cet égard. Pour aſſurer la navigation & les atté-rages de cette partie de la mer, M. de Périgny, Lieutenant de Vaiſſeau, fut chargé par le Roi, en 1750 & 1751, de ſonder dans ces parages. L'Ingénieur de la Marine a fait paſſer ces ſondes dans la ſeconde édition de ſa Carte. Si mon Adverſaire les eût extraites dans ſa copie, celles qui s'y trouvent ne ſeroient pas jettées au haſard.

M. Rizzi me reproche, pag. 22 de ſa Diſſert. dans une Note, de n'avoir pas ſuivi les ſondes des Cartes de MM. Minet & de Genes : il ne ſe doute donc pas des défauts qu'il eſt conſtant qu'elles ont. M. de Chazelles y a en effet re-connu pluſieurs erreurs en latitude, dont une entre les Caps Finiſtere & Ortegal, alloit à 17′, & M. Borri, de l'Académie de Marine, en fixant la longitude du Cap-Finiſtere, y en a fait reconnoître une, entre Bayonne & ce Cap, de 1.° 25′ en longitude. J'ai préféré de mon côté aux ſondes que ces Cartes contiennent, & qui me ſont indiquées par M. Zannoni, comme

---

* Il dit, pag. 17 de ſa Diſſert. qu'il a employé là premiere édition, qui eſt de 1750. On ne vend plus cette édition. Seroit-ce pour cela qu'il la cite de préférence ?

(49)

très-exactes, celles qu'on m'a envoyées de Bayonne, que j'ai combinées avec celles de M. de Périgny, me persuadant que les personnes instruites
qui les ont observées sur les lieux, étoient plus
à portée de les bien connoître que le Sieur Zannoni qui en est si éloigné.

Mon Adversaire dit encore que les sondes du
Golfe de Lyon, dans sa copie, viennent des détails des Sieurs Michelot & Berthelot, & c'est
sans doute parce qu'il falloit dire qu'elles viennent de quelqu'endroit ; mais les détours de
son peu de bonne foi commencent à me fati-
guer. Il ne me cite sans doute deux Auteurs à
la fois que pour prolonger sa défense. Si je fais
voir que ces sondes ne viennent point de l'un,
il me soutiendra qu'elles viennent de l'autre. Eh
bien! M. Zannoni, vous trouvez commode de
ne rien prouver : je vais faire comme vous en
cette occasion. Je me contenterai d'assurer que
ces sondes ne viennent d'aucun des deux, pas
même du Portuland de la Méditerranée de Michelot, que j'ai aussi consulté.

Avant de terminer cette Section, écoutons
encore une fois raisonner mon Adversaire. Il
écrit de si bonnes choses, que je n'en passe une
partie qu'à regret. *Si le petit Atlas, dit-il, est
un ouvrage parfait & sans défaut, & que ma
Carte soit pleine de fautes, elle n'en est pas
la copie.* Que cet argument est pressant! So-
phiste impitoyable! Je nie l'antécédent de votre *si*
conditionnel. Je ne suis pas infaillible ; & quand
votre Carte contiendroit encore plus de fautes
qu'elle ne fait, elle pourroit toujours être une
mauvaise copie de la mienne. On se plaint dans
quelques endroits de votre peu de fidélité à
copier les modeles que vous avez choisis ; par-

E

tout de vos omissions , souvent de vos fautes d'ortographe ; & on ajoute que ce n'est pas *régaler la France* que de lui donner moins bien quand elle a mieux.

Si le petit Atlas , continue-t-il , *a servi de type à ma Carte, il s'ensuit que celle-ci doit avoir les fautes de son modele.* Sans doute elle les a, ces fautes, & de plus celles que vous y avez ajoutées. Il n'y a dans tout cela, je pense, aucune imputation contradictoire. Croyez-moi, M. Zannoni, ne vous servez plus de ces malheureux argumens qu'on retorque si aisément contre vous.

Vous ne prétendez point que votre petit Neptune soit un ouvrage sans défauts : nous sommes parfaitement d'accord sur ce point. Il en avoit, assurez-vous, sur-tout un que vous avez corrigé. Vous aviez placé l'Isle d'Aurigny 3′ trop au Sud. Je crains bien qu'en la plaçant à présent par 49.° 50′ vous ne l'ayez mise trop au Nord. Tous les Navigateurs n'ont observé à cette Isle que 49.° 46′ au plus de latitude ; & s'il est vrai, comme vous l'assurez, que M. Robertson ait pris des hauteurs méridiennes de Sirius dans le milieu de cette Isle, vous pourriez bien, d'après ces observations, avoir mal conclu la latitude de la même Isle. Je montrerai dans la suite combien cette présomption est fondée. Mais une faute évidente & très grossiere que vous n'avez point effacée, c'est la position de Nantes. Vous avez reculé cette Ville 8′ trop à l'Ouest. Je vous invite à corriger ce défaut, c'en sera toujours un de moins.

Je n'ai, continue M. Zannoni, *aucune justice à attendre de celui qui a eu la mauvaise foi de m'accuser d'être son plagiaire : je ne lui*

ai pas même l'obligation de m'avoir appris
quelles font les fautes qui fans doute me font
échappées. Il n'a fu me prêter que celles qui
n'y font pas. J'ai prouvé qu'en effet il m'avoit
copié : ainfi le reproche qu'il me fait ici d'avoir eu
de la mauvaife foi retombe naturellement fur lui.
D'ailleurs, ne fera-t-il jamais équitable ? Quoi ! il
voudroit que je lui euffe montré toutes fes bé-
vûes dans la petite lettre qu'il m'a forcé d'inférer dans l'Avant-Coureur. En vérité il n'y penfe
pas ; à peine un volume eût-il fuffi pour remplir cette ennuyeufe tâche.

On m'a accufé injuftement d'avoir copié des
plans auxquels je n'ai point eu de part. On a
voulu déprimer le petit Atlas maritime des côtes
de France qu'on a mal copié, en ufurpant jufqu'au titre que j'avois voulu lui donner. J'ai été
contraint de me plaindre de ces deux méprifes vo-
lontaires. Pour fe défendre on m'a oppofé des longitudes qu'on n'a point foi-même fuivies, & des
originaux qu'on n'avoit point confultés. On a voulu, en proftituant honteufement le calcul, atta-
quer l'exactitude des variations de l'aîmant, que
j'avois inférées dans ma Carte. Pour déguifer mon
ouvrage, on a fupprimé dans la copie l'heure &
la hauteur des marées, & on y a jetté des fondes
au hafard. Eh ! qui peut avoir fait tout cela ?
Le Sieur Zannoni, dont le nom qui ne fait que
de paroître, eft déja l'indice des mauvaifes Cartes.

TROISIEME SECTION.

*Examen de la critique que fait M. Zan-
noni de la Carte Marine de la Mer
Méditerranée, & de celle des côtes des
Iſles Britanniques, avec des remarques
ſur quelques-unes des productions de cet
Auteur.*

MONSIEUR ZANNONI voudroit atta-
quer l'exactitude de deux Cartes Marines que
j'ai dreſſées, ſavoir ; le petit Neptune Anglois, &
la Carte réduite de la Mer Méditerranée. Je
l'invite à continuer de dire du mal de mes ouvrages s'il veut que j'oſe en penſer quelque bien.

Le premier reproche qu'il me fait, eſt d'avoir
copié dans l'Analyſe du petit Neptune Anglois, en
y parlant du flux & reflux de la Mer, un paſſage
du Traité de Navigation de M. Bouguer. Ma
réponſe ſera bien ſimple.

J'avois expliqué pluſieurs fois cet excellent
Traité à de jeunes Marins. Il n'eſt donc pas
étonnant, qu'occupé enſuite d'autres objets, je
me ſois ſervi, à peu près des mêmes termes, pour
exprimer les mêmes idées. Je m'apperçus de
cette reſſemblance d'expreſſions avant la publication de mon analyſe, mais il étoit trop tard
pour la faire diſparoître, & je m'abſtins avec
d'autant moins de peine d'y ſuppléer, que la
remarque dont il s'agiſſoit appartenoit depuis
un tems immémorial au Public, & non en particulier à M. Bouguer. Cependant parmi quatre-
vingt-dix-huit mots que j'emploie en cet en-

droit, il en eſt dix-ſept dont M. Bouguer ne ſe
ſert pas ; & il s'en trouve d'ailleurs dans le paſſage analogue de cet Auteur cinquante-quatre
dont je ne fais point uſage : n'en étoit-ce pas
aſſez pour empêcher que la reſſemblance ne
fût auſſi parfaite que le veut faire entendre mon
Adverſaire ?

Il donneroit du reſte ici beau jeu à qui
ſe permettroit de faire la recherche des divers
magaſins d'où il a compilé tous les lambeaux
dont eſt compoſée ſa Diſſertation ; mais cela
n'auroit aucun rapport à ma Carte des côtes des
Iſles Britanniques dont il s'agit maintenant. Je
me contenterai donc de remarquer que ſi l'on
ôtoit de ſon ouvrage de tels lambeaux, qui ſont
un contraſte choquant avec ſes phraſes obſcures
remplies de barbariſmes *, ſi l'on en effaçoit
encore les vûes louches, les déciſions plus que
tranchantes, & les injures triviales qui y ſont en-
taſſées, il ne s'y trouveroit plus rien.

*Le reſte de l'analyſe du petit Neptune An-
glois n'eſt, ſelon lui, qu'une rapſodie de ce
qu'on a, dit-il, il y a long-tems.* Si l'envie ne
lui offuſque point ici les yeux, il faut que ſa vûe
ſoit naturellement bien peu perçante. Aurois-je
donc lû & médité avec tout le ſoin poſſible les
bons ouvrages que les Anglois ont donnés en
divers tems, concernant la Géographie de leur
pays, ſans en avoir ſu profiter ? Et ne ſeroit-ce
pas plutôt que mon Adverſaire manqueroit, &
de l'échelle propre à évaluer les connoiſſances

---

* Qu'eſt-ce, M. Zannoni, par exemple, que des Cartes
renflées ou applaties, pag. 2 & 3 de votre Diſſert. ? Que
ſignifie le pendule équinoxial ? Que veut dire un ſolide qui
eſt un parfait tétragone, pag. 8 ? Qu'eſt-ce que l'élongation
du méridien, pag. *id.* ? Que peut ſignifier preſcription aſtro-
nomique, pag. 14 & 15, &c.

les plus récentes que j'ai puisées dans de telles
sources, & de bonne foi dans le jugement qu'il
porte de leur prix, tandis que parmi les plus anciennes même il en feroit, dans le vrai, beaucoup de nouvelles pour lui.

A l'entendre parler de mes matériaux Géographiques, il sembleroit qu'il en eût fait l'in-
ventaire ; sans compter néanmoins les vastes
portes-feuilles de divers Savans, qui me sont ou-
verts au besoin, je crois que j'en ai dix fois plus
de propres que lui. Il se flatte de m'avoir donné
la premiere de mes Cartes il n'y a pas quatre
ans, sans faire attention qu'il n'a jamais eu le
moyen de faire des dons, & que je n'ai jamais
eu besoin des siens.

Un excellent moyen de blâmer la Carte que
j'ai dressée de la Méditerranée, seroit d'en
construire une meilleure : cette espece de satire
vaudroit bien mieux que des injures ; mais de
vaines déclamations sont bien peu propres à lui
faire tort.

On ne croit point un homme qui en contredit un autre, s'il ne prouve ce qu'il avance.
Lors donc que mon Adversaire assure que les
latitudes que j'ai assignées à Trieste, Pola,
Fiumé, Curzola, Cesto, Baba & Gargano n'ont
point été observées ; il se met dans l'obligation
de montrer sur quoi il fonde cette assertion
téméraire ; & tant qu'il ne se sera pas mis en
devoir de le faire, il me suffira de lui dire que
j'ai de très-bonnes preuves de ce que j'ai avancé.

Se récriera-t-il que ma Méditerranée est *pleine
de noms défigurés, de Ports transposés loin
des rivages, de fausses positions qui n'ont ni
choix, ni forme, ni régularité* ; je lui deman-
derai ce que ce peut être que des positions qui

n'ont ni forme, ni régularité; & ce que peuvent en un mot ses accusations vagues contre la Carte qu'il prend à tâche de déprimer?

Qu'il dise que la côte de Policastro à Messine doit aller généralement au Sud. J'ai à lui opposer toutes les Cartes Italiennes que je connois sur cette partie, les travaux de M. d'Anville & de M. de l'Isle, & ce qu'on peut regarder ici comme plus fort, une Italie de lui-même en deux demi-feuilles.

Qu'il dresse, s'il le juge à propos, une Carte où il fasse ainsi courir cette côte, & dans laquelle il corrigera les prétendues fautes qu'il m'attribue, & que je ne reconnois pas, le Public éclairé l'accueillera comme ses autres ouvrages.

Je me suis servi d'une nouvelle Carte des environs de Naples. M. Zannoni *n'en croit pas un mot*, parcequ'il ne la connoît pas. Voilà sans doute une bonne raison pour prouver qu'elle ne peut exister. Il ajoute *que le méridien du Château S. Elme de Naples se trouve*, sur ma Carte, *à plus de 40.° de déclinaison de celui d'Anacapri, quoique ces deux lieux aient absolument même longitude*. On ne voit point ce que cela veut dire. La position de Naples, sur ma Carte, est seulement plus orientale de 10′ que celle de la petite Isle de Capri, conformément à la Carte dont je me suis servi.

Il n'entend pas ce que je veux dire par les annales des Marins. Je vais le lui expliquer. Ces annales sont des Portulands, & sur-tout des Journaux de Navigation. Ils m'ont donné la latitude du Cap de Leuca; je préfere ces sources au *Gnomon* très élevé qu'il prétend y avoir été dressé. Et si l'on a réellement exécuté des opérations géométriques aux environs de Naples, il ne m'a pas été poffible d'en faire ufage, la date qu'on leur attribue faifant voir qu'elles feroient poftérieures à la confection de ma Carte.

Dans la vûe de lever les deux doutes qui fe préfentoient au fujet du gnomon érigé fur le Cap de Leuca, & des opérations géométriques faites aux environs de Naples, j'écrivis en cette Ville peu après qu'eût paru la Differtation de M. Zannoni, à M. de Couffi favant Géometre & habile Naturalifte, dont le mérite eft infiniment relevé par fa profonde modeftie. Voici une partie de fa réponfe.

A Capoue, le 8 Avril 1764.

» J'étois & fuis encore en ce lieu de déli-
» ces fi funefte à Anibal, lorfque votre Lettre
» eft venue me trouver. J'écrivis *fubitò* à deux
» des plus habiles Mathématiciens de Naples;
» leurs réponfes portent qu'on n'a point dreffé
» de Gnomon fur le Cap de Leuca, & que mal-
» gré le fentiment des Géographes François,
» on croyoit ici ce Cap moins élevé que 40^d.
» Quoique les travaux des PP. Maire & Bofco-
» vich, entre Rome & Rimini, aient excité l'ému-
» lation des Savans de ce pays-ci, ils n'ont pas été
» affez échauffés pour produire des effets fenfi-
» bles. Je ferai cette année un voyage à Venife:
» comme je pafferai par Padoue, j'y prendrai les
» informations que vous demandez, &c &.

Cette Lettre prouve, ce me femble, bien net-tement que les allégations du Gnomon du Cap de Leuca & des opérations trigonométriques aux environs de Naples, font auffi fauffes l'une que l'autre.

D'après ce prétendu Gnomon en particulier, mon Adverfaire a du refte fort mal conclu la latitude; je vais encore lui faire la leçon fur ce fujet.

(57)

Le Gnomon ayant 1000 parties de hauteur,
prenons-le pour finus total : les longueurs de
l'ombre horizontale de chaque jour à midi,
feront les tangentes des diftances apparentes du
Soleil au Zénith. Si l'on ajoute 16″ pour la réfraction moins la parallaxe aux quatre premieres diftances , & 17″ aux deux dernieres , on
aura la diftance vraie du Soleil au Zénith à
midi fur le Cap de Leuca comme dans la Table
fuivante.

Date.	Longueur de l'ombre.	Diftance du Soleil au Zénith.		
Le 14 Juillet	335 part.	18.°	31′	31″
15	340 . . .	18	46	58
16 . - . .	342 . . -	18	53	7
17	344 . . .	18	59	16
18	350 . . .	19	16	41
19	351 . . .	19	20	44

Ce Cap eft plus oriental que Paris d'environ
16.° 1/4 ; comme la déclinaifon du Soleil alloit en
décroiffant, on ajoutera à celle de midi pour Paris
en 1763 ; favoir, le 14 Juillet 25″ ; le 15 Juillet
26″ ; le 16 Juillet 27″ ; le 17 Juillet 28″ ; le 18
Juillet 29″ ; le 19 Juillet 30″ , & on aura cette
déclinaifon à midi au Cap de Leuca.

Le 14 Juillet		21.°	44′	11″
15 . , ...		21	34	58
16		21	25	23
17		21	15	26
18		21	5	6
19		20	54	26

Ajoutant à ces déclinaifons les diftances du

Soleil au Zénith convenables à chaque jour, on
aura les latitudes suivantes.

40.°	15′	42″	Non-feulement ces
40	21	56	latitudes font en gé-
40	18	30	néral plus grandes que
40	14	42	celles de mon Adver-
40	21	47	faire ; mais encore les
40	15	10	erreurs ne gardent en-

Mil. Arith. 40.° 17′ 58″

tr'elles aucune propor-
tion. J'ai eu peine à
imaginer la possibilité
de cette nouvelle ineptie, elle décele une inca-
pacité extrême dans ce genre ; car fans cela comment comprendre qu'il ait pu manquer un calcul si facile, fur-tout d'après des données qu'il a
forgées lui - même ! Je l'exhorte à calculer
de nouveau, s'il le peut, la latitude d'après la
longueur de l'ombre du 15 Juillet & d'après
celle du 18, & alors fa méprife lui fautera aux
yeux.

De plus, M. Zannoni faura, fans doute,
car il ne faut pas être fçavant pour cela, que
l'extrémité de l'ombre d'un Gnomon vertical
vient néceffairement du bord fupérieur du Soleil ; ainfi la hauteur du centre de cet aftre,
doit être moindre de tout fon demi-diametre
que la hauteur obfervée ; ou ce qui revient au
même, la latitude doit être plus grande qu'on
ne vient de la conclurre de tout ce même demi-
diametre, lequel étoit alors de 15′ 48″. Donc
la latitude du Cap de Leuca feroit d'après ce
Gnomon fuppofée de 40.° 33′ 46″ & par confé-
quent plus grande encore que celle de mon Adverfaire qui l'étoit déja beaucoup trop, de 18′ 11″,
ou bien de 16′ 11″ feulement: car il ignore fi
profondément jufqu'aux premiers principes de

l'Arithmétique, qu'il n'a pu prendre la sixiéme partie des résultats qu'il avoit déja fauſſement conclus, ſans ſe tromper encore de deux minutes.

Que dira un jour un auſſi habile Aſtronome que le P. Carcani, s'il vient à ſavoir qu'on met ſur ſon compte à Paris des bévues dont il eſt abſolument incapable ?

On prie auſſi M. Zannoni d'enſeigner où & en quel tems a paru tout nouvellement ce bel arpentage de l'Iſle de Chypre qu'il fait ſonner ſi haut ; s'il n'a été rendu public qu'après ma Carte, je n'ai pu en faire uſage, & il ne devoit pas m'en faire un crime ; s'il n'a point paru du tout, il a encore plus de tort. Il y a long-tems qu'il nous berce de cet arpentage ; il en avoit même promis la communication en manuſcrit à pluſieurs Savans, à qui il a oublié de tenir parole, & l'eût-il au reſte publié, il ne mériteroit pas plus de créance que ſes autres Ouvrages.

En voilà, je penſe, aſſez pour faire connoître avec quelles armes M. Zannoni m'attaque, ſuivons-le néanmoins encore ſur d'autres objets.

Apprenez, me dit-il, *qu'il y a loin d'un Mathématicien à un Maître de Mathématiques, d'un Géographe à un Deſſinateur gagé par les Entrepreneurs des Manufactures Géographiques de la rue S. Jacques.*

Il ſembleroit, par ſon parallele du Mathématicien au Maître de Mathématiques, ſe propoſer de me faire rougir d'un état dont je me tiens au contraire honoré ; dans l'obligation où il ſemble par-là me mettre d'en être en quelque ſorte l'Apologiſte, je vais remplir cette tâche de mon mieux : mais comme c'eſt une indiſcrétion de parler de ſoi, même quand on y eſt forcé, elle ſera la plus courte que je pourrai.

Depuis l'année 1748 , que j'ai commencé à enseigner les Mathématiques , j'ai la satisfaction de compter dans presque toutes les professions auxquelles ces sciences peuvent être utiles, d'excellens sujets qui reconnoissent devoir en partie leur réputation à mon zèle , à mon application & à ma méthode ; & ne me proposant d'autre objet que de concourir au bien public, ce témoignage que je crois pouvoir me rendre , suffit pour me soutenir & m'animer de plus en plus dans mon occupation principale.

C'est d'ailleurs le goût que j'ai pour la Géographie, qui m'a engagé à dresser avec soin , dans quelques momens que je m'étois réservés pour cela, un petit nombre de Cartes.

Je conviens sans peine qu'une partie de ceux qui s'ingerent de montrer les Mathématiques , ne font point des Mathématiciens , à prendre ce terme dans son acception la plus noble ; & je me garde bien de, rechercher à quel dégré je pourrois avoir droit à ce nom. Mais où auroit-on pris aussi , que le premier des deux titres doit exclure l'autre. Les exemples nombreux de Maîtres de Mathématiqnes qui ont été admis dans les Académies de sciences , dans le militaire, la marine , &c. & qui s'y sont distingués avec éclat , ne nous fourniroient-ils pas plutôt une preuve démonstrative du contraire ? Quel est enfin celui qui ose insulter , par une opposition injurieuse, à un corps si respectable ? L'enveloppe cylindrique , le calcul de l'allongement du pendule , le chassis de 64 pieds quarrés, la formule du *maximum* pour calculer la variation de l'aimant , la mauvaise détermination de la latitude du Cap de Leuca , &c. ne laissent point de doute qu'il n'est nullement Mathématicien. Si donc nous ne connoiſſons pas totalement ce qu'il eſt , nous voyons du moins clairement ce qu'il n'eſt pas. De plus , j'apperçois malgré moi, qu'il pourroit bien n'être qu'un eſprit inquiet aveuglé par la paſſion.

Et quant à la comparaiſon du Géographe au Deſſinateur gagé, je me contenterai de lui demander, s'il penſeroit que l'indécence dans le diſcours & un égoïſme perpétuel , peuvent jamais tenir lieu de raiſons? S'il n'eſt pas lui-même le bras droit de la ſeule *Manufacture géographique* qui ſoit à Paris ; & même ſi cette ſeule reſſource qui lui reſte ne pourroit pas bientôt lui manquer ? Cette poſition eſt certainement très-différente de celle du prétendu *Deſſinateur gagé*.

M. Zannoni auroit lieu de ſe plaindre de moi, ſi j'oubliois de parler de ſes productions aſtronomiques ; comme je ſuis bien éloigné de vouloir cacher une partie de ſa gloire , je vais m'occuper de cet objet.

J'ai entre mes mains un imprimé de quatre pages *in-4.º* qu'il m'a donné lui-même, & qui a pour titre : *Obſervations du paſſage de Venus ſur le diſque du Soleil faites à Paris à l'Obſervatoire Royal le 6 Juin 1761 , par M. Rizzi Zannoni de la Société Coſmographique de Gœttingue , de celle d'Edembourg & Correſpondant de l'Académie Royale des Sciences , &c.* Cette piéce ſinguliere m'offre beaucoup de remarques à faire.

1.º M. Zannoni n'eſt point Correſpondant de l'Académie Royale des Sciences. La Liſte de ces Meſſieurs qu'on imprime tous les ans dans la Connoiſſance des mouvemens céleſtes , en fournit la preuve. Tous les membres de cette célebre Académie le témoigneroient d'ailleurs au

befoin, & qui ufurpe un pareil titre, ne le mé-
rita fans doute jamais. 2.º Il n'eft point non plus
de la Société d'Edembourg; j'ai écrit pour m'en
affurer à un des membres de cette favante
Compagnie. La réponfe que j'en ai reçue contient les paroles remarquables fuivantes. ʒʒ Ce
ʒʒ Monfieur-là n'eft point de notre Académie; &
ʒʒ même avant votre Lettre nous n'avions jamais
ʒʒ entendu parler de lui *.

3.º. Je ferois donc auffi autorifé à croire qu'il
n'eft point de la Société de Gœttingue, vu
que fi dans Paris, parmi nos Académiciens, il
a ofé s'attribuer le titre de Correfpondant qu'il
n'a pas, à plus forte raifon pourra-t-il fe dire
membre de la Société de Gœttingue, qui fub-
fifte loin de nous & dont on ne publie pas la
Lifte.

4.º Il ne parut point à l'Obfervatoire Royal le
jour du paffage de Vénus. C'eft ce que témoi-
gnent unanimement tous les Aftronomes qui y
obferverent ce jour-là.

5.º La feconde & la troifiéme pages de l'Imprimé contiennent plufieurs obfervations d'é-
clipfes des Satellites de Jupiter, faites à l'Obfervatoire Royal pendant les années 1760 &
1761. M. Zannoni dit les avoir faites avec
un Télefcope Neutonien de fix pieds. Par mal-
heur pour lui, il n'y a point de Télefcope Neutonien de fix pieds à l'Obfervatoire.

6.º La quatriéme page contient l'obfervation
de quelques phafes de l'Eclipfe de Lune du 18
Mai 1761, que M. Zannoni dit avoir faite avec

** Far from being of our Academy, the Gentleman's name before
your letter, Was unknown to us......* J'ai été bien bon d'écrire
pour m'affurer d'un tel fait ! ne devois-je pas favoir que le
nom des Zannoni n'eft pas fait pour aller au-delà de la Mer
contrafter dans une ALifte cadémique.

un excellent Télescope de six pieds ; mais toutes les observations contenues dans cet Imprimé,
sont celles que MM. de l'Isle, Messier & d'autres Astronomes, lui ont communiquées & qu'il
s'est appropriées.

7.°. Est-il bien vrai d'ailleurs, que M. Zannoni sache faire des observations astronomiques ; & ne ressembleroit-il pas au contraire, à
ce Berger à qui Virgile fait adresser par un autre
ce reproche.

aut unquam tibi fistula cera
juncta fuit ? non tu in triviis, *&c.*

8.° Au bas de la même page & au sujet du
passage de Venus, M. Zannoni renvoie à sa Dissertation intitulée : *Observatio Astronomica*
*transitûs Veneris per discum solarem, &c. in-*8.°
Londini, 1761, ajoutant qu'on y trouve une
Carte générale d'Europe, dans laquelle il prétend avoir indiqué les lieux qui ont été illustrés
par ce célebre passage, &c. mais il n'a, dans le
vrai, publié ni Dissertation ni Cartes relatives à
cet objet.

Qu'il est véridique & modeste ce M. Zannoni, de prendre le titre de plusieurs Académies dont il n'est pas! d'avoir osé distribuer lui-
même à tous venans un Imprimé qui ne contient pas un seul mot de vérité! A-t-il pensé
que le Public se laisseroit prendre à de pareilles
finesses? S'il est possible que cela arrive par la
suite, je prends acte du moins qu'il n'y aura pas
de ma faute.

Lorsque M. de l'Isle eut connoissance de cette
feuille que M. Zannoni avoit eu l'indignité de
publier, il forma le dessein de la dénoncer au
Public & de démasquer l'imposture ; il avoit

déja écrit une Lettre à ce sujet pour le Mercure de France ; les sollicitations de M. de la Lande & la piété naturelle de M. de l'Isle, le firent changer d'avis ; il pensa qu'il falloit donner à M. Zannoni le tems de revenir de ses égaremens, & ne pas ruiner les espérances d'un jeune homme, pour une faute dont il paroissoit se repentir.

L'événement a fait voir qu'on s'étoit trompé en espérant de le corriger par cette indulgence, & M. de la Lande lui-même a été puni de sa modération par un fait presque semblable dont je vais encore rendre compte.

Madame le Paute, membre de l'Académie des Sciences de Beziers, & déja connue du Public par ses talens dans les Mathématiques, avoit calculé toutes les circonstances de l'Eclipse centrale & annulaire de Soleil, du premier Avril 1764, pour toute l'Europe, & tracé sur une Carte de cette partie du monde ces mêmes circonstances. Le sieur Lattré grava & publia cette Carte en Août 1762. M. Zannoni se brouilla peu après sur les motifs que j'ai rapportés avec cet Artiste, & depuis ce tems il n'a cherché qu'à lui nuire.

Après avoir examiné avec toute l'attention dont il est capable, pendant environ dix-huit mois la Carte de Madame le Paute, il a réuni toutes les forces de son esprit & copié cette Carte célebre ; encore s'il ne l'eût pas défigurée ! mais il falloit cacher un peu son plagiat.

Il a donc tracé l'ombre de la Lune sur une plus petite Carte d'Europe autrement projettée que celle du sieur Lattré ; & dans la vue de faire courir l'ombre un peu plus lentement qu'il ne falloit, il a supposé, peut-être sans le vouloir, le Soleil & la Lune plus éloignés l'un de l'autre

qu'ils

qu'ils ne le font en effet. Il a renverfé les bords
de l'ombre lunaire, & appellé fupérieur celui
qui eft réellement l'inférieur, & réciproque-
ment ; pour marquer enfin divers doigts, il a
ajouté fur fa copie quelques lignes qui ne gardent entr'elles aucune proportion, parce que
Madame le Paute n'avoit pas jugé à propos
de les tracer, & que M. Zannoni ne pouvoit
pas favoir de quelle maniere on devoit s'y prendre.

Si au lieu de nous rendre, en la défigurant,
la copie d'une Carte que nous poffédions, fans
y joindre aucune addition utile, il eût marqué
exactement fur une Mappemonde, toutes les cir-
conftances d'une fi curieufe Eclipfe pour toute
la furface de la terre, depuis le premier inftant
de l'immerfion jufqu'au dernier de l'émerfion,
il auroit réellement fait plaifir au Public &
obligé les Navigateurs ; mais cette tâche étoit
trop au-deffus de fes forces, & en copiant la
Carte du fieur Lattré, il fervoit d'ailleurs fa vengeance.

Celui-ci voyant qu'on lui raviffoit, par ces
contrefactions, le prix de fes avances, & qu'on
ôtoit à Madame le Paute le prix de fes travaux,
obtint de M. le Lieutenant Général de Police,
en qualité de Commiffaire du Confeil pour la
Librairie, une Ordonnance en vertu de laquelle
il fit faifir chez le fieur Defnos les Planches des
copies de la Carte de l'Eclipfe & celles du petit
Neptune François. Le fieur Defnos, qui jugeoit
fa caufe mauvaife, déclina cette Jurifdiction,
fous prétexte d'incompétence, & demanda au
Parlement main-levée provifoire de la faifie.
On follicita alors le fieur Lattré d'abandonner
cette affaire, qui avoit été mal commencée.

F

On lui repréſenta que ſa Partie adverſe le ſieur Deſnos, avoit eu pluſieurs procès, & que quoi-qu'il n'eût pas toujours été heureux dans cha-cun, cela n'empêchoit pas qu'il ne fût parvenu par ce moyen à une connoiſſance aſſez étendue des affaires de ce genre, tandis que n'ayant, quant à lui, jamais eu aucun démêlé de cette eſpece, il devoit s'attendre à eſſuyer beaucoup de longueurs & de tracaſſerie de cette part. Et quoiqu'il fût évident que le Jugement final lui devoit être favorable, il donna lui-même, pour ſa tranquillité & pour ne plus penſer à cette affaire, la main-levée proviſoire qu'on lui de-mandoit.

Les ſieurs Deſnos & Zannoni firent retentir de toutes parts leur prétendu ſuccès. En récla-mant contre l'incompétence du Tribunal, ils avoient pourtant donné à tout le monde ſujet de penſer très-mal de leur Cauſe ; & comme la choſe ſautoit aux yeux, ils ont diſtribué, pour en prévenir les ſuites, une feuille d'impreſſion intitulée : *Eclairciſſemens hiſtoriques ſur un fait littéraire.* Libelle contre M. de la Lande, l'un des membres les plus diſtingués de l'Académie Roya-le des Sciences. L'on dit dans cet Ecrit, que *M. Zannoni eſt peu fait pour être Copiſte ; qu'il n'a pas beſoin de puiſer dans le fonds d'autrui, étant plus riche par lui-même, que ceux qui l'accuſent de plagiat,* & s'adreſſant enſuite di-rectement à M. de la Lande, on ajoute : *Eſt-il décent que vous ſortiez de ce repos phi-loſophique, pour troubler celui d'un hom-me qui plane ſur une carriere où vous marchez.* Je me trompe, ſi M. Deſnos parle ici ſérieuſe-ment. Quoi qu'il en ſoit, que mon Adverſaire ouvre les yeux, & il verra tous les Auteurs ſans taiens faire de vains efforts avec leurs aîles de plomb , pour s'élever au-deſſus de leurs Maîtres, ſans s'appercevoir que bien loin de ceſſer par-là de ramper, ils ne font que s'approcher plus près de terre.

Quant aux calculs de l'Eclipſe de Soleil que vous prétendez être copiés d'après ceux de Madame le Paute, continue-t-on de dire à M. de la Lande , *vous êtes convaincu d'avance , par le fait tout au moins de témérité.* On ſera , en effet , toujours téméraire en pareil cas ; des calculs qui n'ont pas été faits , ne ſauroient être communiqués. Que M. de la Lande ſoit donc bien ſûr que ni lui ni perſonne ne les verra jamais : car comment comprendre qu'un homme qui ne peut calculer la latitude d'un lieu d'après des hauteurs du Soleil, choſe la plus facile qui ſe préſente en Aſtronomie, calcule la projection, d'une Eclipſe de Soleil, qui eſt une des choſes les plus difficiles de cette ſcience ſublime.

Vous prétendez auſſi , continue-t-on , s'adreſſant encore à M. de la Lande , *m'interdire la publication d'une Carte que j'ai annoncée , du paſſage de Venus de* 1769; *& cela, parce que vous avez donné , dites-vous , des détails ſur ce paſſage dans les Mémoires de l'Académie. Je vous aſſure que j'ignore abſolument ce que vous en avez dit.* N'en jurez pas , M. Deſnos, on vous croit bien ſans cela : ces Mémoires ne ſont point du-tout faits pour vous , & c'eſt avec dégoût que je ſuis contraint d'obſerver qu'ils le ſont même très-peu pour celui aux ſecours de qui vous avez tant de droits , lequel ne fait gueres que contrefaire les Ouvrages d'autrui, & qui , depuis que la Carte de M. de la Lande fur le paſſage de Venus de 1769, eſt publique ; vous en a déja fait annoncer une pareille.

On apperçoit dans cette feuille d'impreſſion, que le ſieur Zannoni fut importuner pluſieurs Aſtronomes pour avoir d'eux-mêmes des certificats qui atteſtaſſent que ſa Carte de l'Eclipſe n'étoit point la copie de celle de Madame le Paute. Il dit que MM. d'Alembert, le Monier & Fontaine l'ont témoigné. Je ſais poſitivement que ces Savans illuſtres ne ſe ſont point mêlés de cette affaire-là ; qu'ils n'ont donné à ſa Carte de l'Eclipſe d'autre approbation que celle d'un remerciment de politeſſe qu'on ne ſauroit refuſer, & qu'on accorde ſans examen à celui qui préſente un Ouvrage ; & que ſi MM. de l'Iſle & Pingré, ces Aſtronomes habiles, lui ont à la vérité donné des certificats, qu'il a depuis rendu publics par la voie de l'impreſſion, en en abuſant, ces titres qu'il prétend lui être ſi favorables, ne ſerviront au contraire qu'à fortifier le jugement déſavantageux que le Public a prononcé contre lui.

Et afin qu'on ne croie pas que j'aie pris à tâche d'ôter à ces certificats la force que M. Zannoni leur prête ; voici l'interprétation qu'en ont faite les hommes célebres qui les avoient donnés.

Déclaration de M. de l'Iſle, Doyen de l'Académie des Sciences & des Profeſſeurs au Collége Royal, Aſtronome-Géographe de la Marine.

» Je ſouſſigné, déclare que M. Zannoni a
» eu tort d'abuſer d'un certificat que je lui ai
» donné le 7 Février 1764 ; pour compoſer un
» libelle contre M. de la Lande & M. Lattré :

» mon certificat suppofoit évidemment que M.
» Defnos ou M. Zannoni préfenteroient à l'A-
» cadémie les calculs & Mémoires fur lefquels
» M. Zannoni prétendoit avoir dreffé fa Carte
» indépendamment de celle de Madame le
» Paute, mais il ne les a point produits, & par-
» là même *il a rendu plus que douteufe fa pré-*
» *tention à ce fujet.* On ne fauroit décider que
» M. Zannoni foit véritablement Auteur de la
» Carte qu'il a donnée, qu'en voyant les calculs
» fur lefquels il l'a dreffée. Ce que je certifie
» comme une chofe dont on ne fauroit douter.
» A Paris, ce 10 Mai 1764, Signé *de l'Ifle*,
» Doyen des Profeffeurs Royaux & de l'Acadé-
» mie des Sciences, &c.

Lettre de M. Pingré, de l'Académie Royale des Sciences, à M. de la Lande de la même Académie.

MONSIEUR,

» Je fuis réellement très-fâché de l'ufage que
» M. Zannoni a fait de mon certificat : ce n'é-
» toit point du-tout mon intention de lui four-
» nir matiere de compofer contre vous le li-
» belle qui occafionne vos juftes plaintes. Vous
» me demandez fi je crois fincérement que M.
» Zannoni ait fait les calculs néceffaires pour
» tracer fur une Carte d'Europe la projection
» de l'Eclipfe de Soleil du premier Avril der-
» nier. Je n'ai rien certifié à ce fujet : j'ai déclaré
» fimplement que les deux Cartes dont il s'agif-
» foit, me paroiffoient dreffées fur des principes
» différens. *Quant aux talens de M. Zannoni,*
» *je ne les connois pas affez pour en décider,*

» Je n'ai point vu fes calculs fur cette Eclipfe;
» il les produira fans doute ; fon honneur y eft
» engagé. S'il ne le fait pas , ce ne fera pas
» vous, ce fera lui-même qui convaincra le Pu-
» blic d'avoir conftruit fa Carte, *ou fur les cal-*
» *culs d'autrui, ou même fur une Carte qui lui*
» *étoit abfolument étrangere* «. Je fuis avec l'e-
» ftime & l'attachement le plus refpectueux,
» Votre, &c. Signé *Pingré*.

Montrez donc , Monfieur , à l'Académie &
au Public ces calculs qui ne font point faits
& qui même à préfent viendroient trop tard :
ou plutôt incapable comme vous l'êtes d'un tel
travail, confentez de bonne grace à paffer pour
Plagiaire , de l'aveu même de vos protecteurs ;
& fi vous pouvez encore engager quelqu'un à
faire ces mêmes calculs pour vous , engagez - le
auffi à choifir pour cet effet des Tables qui les
faffent mieux accorder avec votre Carte, que les
longitudes que vous m'avez oppofées ne s'accordent avec votre petit Neptune François.

M. Zannoni voudroit bien , fans en avoir acquis le droit par l'étude , infinuer que les nou-
veaux calculs ne font bons à rien ; mais ne craint-
il pas plutôt de faire penfer qu'il n'eft pas affez
inftruit pour en fentir l'utilité réelle.

Qui ignore, en effet, que ces calculs furent
dès leur naiffance le germe des plus brillantes
découvertes géométriques & phyfiques, & qu'ils
ne cefferont d'en fournir, tant qu'il y aura des
Mathématiciens capables de les manier avec
adreffe ?

Il ne penfoit pas ainfi , lorfqu'il préfenta
à l'Académie il y a quelques années des opérations pour la figure de la terre , qu'il prétendoit avoir été faites en Italie; mais il réuffit

mal dans fes premieres tentatives auprès de cette illuftre Compagnie ; il ne put obtenir aucune approbation, & il n'a jamais ofé faire imprimer fón Mémoire.

De quoi vous avifiez-vous, M. Zannoni, de bégayer devant le Public, fur une fcience que vous n'entendez point du tout : il faut l'avouer, il eft entré bien peu de réflexion dans un tel procédé.

Si vous n'avez pas une eftime réfléchie pour les hommes célébres qui excellent dans cette partie, ayez au moins pour eux avec le vulgaire une eftime fur parole ; & conduifez-vous en cela fans examen fur le bruit de la feule renommée.

On voit dans le Journal des Savans, Juin 1764, fecond vol. l'annonce d'un Traité latin de Géographie - Mathématique en deux petits volumes *in-*8.º dont voici le commencement du titre : *Univerfæ Geographiæ principia theoretica & pratica*, &c. Auct. J. A. B. Rizzi-Zannoni, &c. à Londres chez André Duri dans S. Martin's Lahn. 1764.

J'aurois defiré favoir où l'on trouve des exemplaires de cet Ouvrage à Paris. M. Zannoni qui ne l'a point indiqué, s'intéreffe bien peu au profit de fon Editeur! Un Anglois favant & diftingué, a bien voulu écrire à Londres pour m'en procurer un. M. André Duri a donné pour réponfe, la lifte des Cartes qu'il vend avec les titres de celles qu'il fe propofe de publier dans peu, & il a affuré qu'il n'avoit point entendu parler de l'Ouvrage intitulé : *Univerfæ Geographiæ* de M. Zannoni.

Mon Adverfaire, par cette nouvelle fuppofition, auroit-il pour objet, en annonçant les projections aftronomiques dans le titre de cet Ouvrage , de faire croire qu'il les entend , afin qu'on pût penfer que fa Carte de l'Eclipfe du premier Avril 1764, n'eft point la copie de celle de Madame le Paute ? Seroit - ce de perfuader qu'il eft capable d'écrire fur un tel fujet ? Quel que foit fon but , l'inexiftence de l'Ouvrage fait retomber toutes fes prétentions à un tel égard dans le néant.

On trouve dans le Journal étranger de Septembre 1762 , un article *fur la projection* STEREO-ORTOGRAPHIQUE *de la Carte d'Efpagne par M. Rizzi - Zannoni* , qui emploie toujours de grands mots pour dire de petites chofes. Les premieres analogies qui s'y trouvent font exactes, mais elles étoient déja publiques , quoiqu'il les donne comme de lui. (*Mem. de l'Acad. an.* 1744.)

Pour parvenir à donner une échelle conftante à toutes les parties d'une Carte projettée par ces analogies, & qui n'eft dès-lors abfolument fufceptible que d'une échelle variable, il veut que l'œil fitué dans l'axe de projection , foit ou plus proche ou plus éloigné du centre de la contrée à projetter que n'eft le point antipode de ce centre. Mais comme il faut effentiellement dans ce cas que les élemens de la furface à projetter , foient femblables aux élémens correfpondans de la furface de la Carte, on n'y fauroit abfolument affigner d'autre point de la fphere, où l'on puiffe placer l'œil, que l'antipode du centre de projection : & l'attribution d'une telle propriété à tout autre point , eft néceffairement un paralogifme. Cet inconvénient énorme étoit extrêmement important à éviter. Bien loin que la pratique que fuit ici mon Adverfaire , dût rendre

fa Carte plus commode ou plus précife ; au contraire la loi que fuivroit alors la variation de l'é-
chelle feroit plus compliquée que dans la méthode
admife, & les méridiens ne couperoient plus les
paralleles à angles droits. Voilà à quoi l'on aboutit
lorfqu'on touche aux anciennes méthodes fans
avoir des lumieres acquifes fuffifantes.

» *D'après quantité de pofitions*, continue-
» t-il, *tirées par une fcrupuleufe combinaifon*
» *de réfultats aftronomiques & d'opérations*
» *géographiques & trigonométriques, depuis*
» *Paris, Greenwich & Strasbourg jufqu'à*
» *Breft, Marfeille & Collioure, parmi lefquels*
» *il fe trouve plus de foixante points inter-*
» *médiaires & déterminés par de femblables*
» *moyens, j'ai découvert* PAR LA FORMULE
» DU MAXIMUM * *fi connu de tous les Géo-*
» *metres, une analogie frappante entre l'em-*
» *placement de tous ces points & le dégré de*
» *courbure réfultant des propriétés de cette pro-*
» *jection ainfi rectifiée* «.

Tout cela, M. Zannoni, n'eft qu'une pure
charlatanerie. Votre projection que vous appel-
lez rectifiée, en eft au contraire une eftropiée ; &
fi la furface de la callotte à repréfenter venoit
à n'y être plus fphérique, le lieu de l'œil ne fauroit de plus alors être fixe comme vous le fup-
pofez, qu'en altérant la reffemblance néceffaire
à obferver entre les élémens à repréfenter & les
élémens homologues repréfentans.

J'apprends dans ce même article, que M.
Coufin a trouvé une formule différentielle, facile, mais longue à intégrer, pour projetter fur

---

* Que cette formule *du maximum* quoi M. Zannoni n'entend point, eft commode pour lui, il lui faut dire tout ce
qu'il veut !

un Plan un point quelconque de la surface de la terre, supposée applatie vers les pôles. *Si je ne parviens pas*, fait-on dire à ce Géometre, *à simplifier les opérations qu'elle exige pour passer à la pratique, je crains fort de ne trouver jamais de Géographe qui en veuille faire usage.* Je ne saurois que répondre de précis à une assertion qui se rapporte à une formule qu'on ne donne point; tout ce que je remarquerai à ce sujet, c'est que la formule de M. Mac-Laurin, pour calculer les latitudes croissantes, qui se trouve dans son Traité des fluxions, est extrêmement simple, & que le cas dont M. Cousin s'occupe, ne paroît pas plus compliqué. Tout cela, je le sais, est un mystere impénétrable pour M. Zannoni; mais c'est à M. Cousin & non à lui que je propose cette observation.

M. Zannoni a ensuite la modestie de dire *qu'il croit étre le seul qui, depuis Guillaume de l'Isle, ait fait un usage aussi direct des Observations astronomiques dans la construction des Cartes terrestres & maritimes;* mais il ne nous apprend pas dans quelles Cartes il a fait cet usage direct des Observations. Ce qu'il y de certain, c'est que le Public n'en a point encore reçu de telles de lui; il en sera sans doute de la Carte d'Espagne qu'il a déja annoncée depuis deux ans, & qui ne paroît néanmoins pas, comme de tant d'autres dont il ne cessoit d'ennuyer ci-devant ceux qui vouloient bien l'écouter, & on auroit peine à croire que mon Adversaire eût eu l'audace de s'égaler à Guillaume de l'Isle, à ce réformateur de la Géographie, s'il étoit plus rare de voir de vains pygmées se placer au niveau des grands hommes.

L'irrégularité de la réfraction, dit M. Zannoni, *fait que nous ne connoiſſons qu'à deux
ou trois minutes près, la latitude de pluſieurs
Villes où même on obſerve aſſiduement.* La
réfraction eſt, à la vérité, aſſez irréguliere
vers l'horiſon; mais ce n'eſt pas auſſi vers ces
points du Ciel qu'on obſerve les aſtres, pour
conclure les latitudes géographiques. S'il y a
donc une Ville dans le monde où l'on obſerve
aſſiduement, & où la latitude ſoit auſſi mal dé-
terminée qu'il le dit, ou les inſtrumens qu'on y
emploie ne valent rien, ou les Obſervateurs y
ſont d'une mal-adreſſe qui n'eſt comparable qu'à
celle de M. Zannoni pour qui une quantité de 13
ponces eſt inſenſible au compas.

Après tout cela, mon Adverſaire prétend
conclurre les longitudes Géographiques d'après
les paſſages obſervés de Vénus & de Mercure
ſur le diſque du Soleil; concluſion qui deman-
deroit pourtant des calculs auſſi difficiles que
l'étoient peu ceux qu'exigeoit la latitude du Cap
de Leuca, & qu'il n'a pu faire; ainſi jugez comme il doit réuſſir dans ce travail. Ce n'eſt pas
encore tout. *La Géographie & la Navigation*,
dit-il, en ſoutenant toujours le même ton de
modeſtie, *pour arriver au dernier terme de leur
avancement, n'attendent plus qu'un Géographe qui ſoit Aſtronome & Géometre. Le Géographe* HOMME DE GENIE, *qui verra les limites de ſon Art, appellera les autres ſcien-
ces à ſon ſecours. Je me ſuis propoſé l'union
de tous ces moyens, dans la conſtruction de
ma Carte d'Eſpagne.* O vous qu'on avoit de
tous les tems regardé comme de dignes Archi-
tectes de cet Edifice immenſe, & qui penſiez
que pour le monter à ſon comble, il falloit les

travaux de tous les siécles futurs , désabusez-
vous ; c'est l'ouvrage de Zannoni seul. Aux yeux
de ce géant, vous n'êtes que des moucherons
qu'à peine il apperçoit ; mais quittons ce badi-
nage que M. Zannoni pourroit bien prendre pour
sérieux.

Tous ces moyens, dit-il, *m'ont donné des
preuves bien constatées , qui pourront servir
de mémoires utiles pour perfectionner la Géographie & la Navigation.* Eh non, M. Zannoni, ces deux sciences utiles n'attendent rien
de vous ; vous n'êtes capable que d'y ajouter des
erreurs : témoin l'enveloppe cylindrique, les sondes jettées au hazard , &c.

*Les emplacemens résultans des mesures
combinées avec ceux que j'ai tirés des Observations , ont , dit-il, déja donné lieu à plusieurs dissertations dont j'ai fait part à l'Académie.* Il entend l'Académie Royale des Sciences, & il y a beaucoup d'apparence qu'il n'en
est rien ; les efforts qu'il a faits pour ravir à
quelques membres de cet illustre Corps, quelques
fruits de leurs travaux , lui ayant fermé depuis
long-tems l'entrée d'un sanctuaire si respectable , où d'ailleurs nous ne voyons pas qu'il ait
jamais obtenu d'approbation pour aucun de ses
Ouvrages.

Voici , M. Zannoni, le résumé de ce que j'a-
vois à dire sur votre prétendue Dissertation. On
vous a bien mal servi, si l'on vous a conseillé de
publier une brochure de laquelle l'esprit de rai-
sonnement qui doit régner dans toute dissertation , est absolument banni.

L'humeur ou l'envie vous ont conduit à criti-
quer l'usage que j'ai fait dans mes Cartes de
l'applatissement de la terre ; mais cette dispos-

tion d'esprit ne donnant pas des raisons, il n'est pas étonnant que vous ayiez mal réussi. Ne trouvez donc plus mauvaises des latitudes croissantes, par la seule raison qu'elles n'auront pas été calculées d'après votre enveloppe cylindrique. N'avancez plus comme un résultat d'expériences bien sûres, que contre ce qu'on a observé de tous les tems, le papier ne se retire pas à peu près uniformément. Calculez mieux les accroissemens du Pendule, & en particulier ne parlez plus d'un chassis de 64 pieds quarrés, dans l'hypothese de l'applatissement de la terre que vous ne sauriez ni calculer ni tracer. N'accordez plus aux observations & aux mesures une précision à laquelle il est impossible d'atteindre, & ne feignez plus de prendre le parti de ces mesures, en les frondant en effet dans vos Ouvrages.

- Ne m'opposez plus de fausses autorités, &, s'il est possible, ne tombez plus en contradiction avec vous-même, & ne faites plus de mauvais raisonnemens.

- Si la satire est toujours un besoin pour vous, ayez du moins l'adresse de ne la diriger que sur ceux que vous pouvez atteindre, & de ne pas donner en même-tems trop de prise sur vous; en vendant deux fois la copie d'une même Carte, en supposant une érection de Gnomon & des opérations géométriques qui n'eurent jamais lieu : en vous appropriant des travaux astronomiques auxquels vous n'avez nulle part, en vous parant d'ouvrages que vous n'avez jamais faits, en vous disant de diverses Académies dont vous n'êtes pas; en vous donnant pour habile dans la Géométrie, & portant à tort & à travers des jugemens sur cette science sans y rien

entendre ; en gâtant les projections de vos Cartes
fous prétexte de les perfectionner ; en citant des
originaux que vous n'avez point confultés, & en
vous étayant d'autorités que vous n'aurez pas
fuivies.

Comme on ne peut gueres efpérer de ne vous
voir publier que les petites productions dont
vous ferez le pere, ceffez d'affecter du mépris
pour les Ouvrages que vous aurez copiés, ou ne
vous permettez pas du moins d'indécentes inve-
ctives contre leurs Auteurs. N'effayez plus de
faire accroire au Public par de vaines déclamations, que des Cartes qu'il a trouvé bonnes, font
néanmoins réellement mauvaifes. N'oubliez jamais que fi ce même Public compte les productions, il fait auffi les pefer ; & au lieu de bri-
guer fans ceffe des témoignages & des attefta-
tions pour en abufer enfuite par de fauffes inter-
prétations & pour les voir rétracter par leurs auteurs, attachez-vous à n'avoir plus rien à redou-
ter de la vérité.

Défaites-vous enfin de cet orgueil infupor-
table & fi déplacé, qui vous repréfente à vos
propres yeux, non-feulement comme l'émule des
plus grands Géographes qui vous ont précédé,
mais encore comme le génie le plus diftingué &
l'honneur même du fiécle où la Géographie a
reçu les plus grands accroiffemens. Penfez plutôt
que fi la poftérité doit y remarquer votre nom,
ce ne fera qu'en le comparant à ces champs fertiles où croiffent pourtant des plantes parafites ;
elle pourra dire qu'il eut tout à la fois fes Voltai-
re & fes P*** fes d'Anville & fes Ant. Rizzi-
Zannoni.

P. S. J'avois préfumé, pag. 62, que M. Zannoni pourroit bien n'être pas de la Société Royale de Gœttingue. Cette préfomption vient de se changer en certitude. La crainte d'être démenti à chaque moment l'a empêché de prendre souvent le titre de Correfpondant de l'Académie Royale des Sciences, & celui de Membre de la Société d'Edembourg : mais il se dit partout, & dans tous ses Ouvrages, de la Société Royale de Gœttingue, sans avoir été contredit jusqu'à préfent. Cette effronterie foutenue me perfuadoit moi-même qu'il avoit droit de prendre ce titre d'honneur, mais une Lettre de M. Kœftner, Secretaire de cette favante Compagnie, datée du 21 Avril 1764, dont fut chargé un Voyageur, qui a fait, sans doute, tout le tour de l'Europe avant de paffer à Paris, puifqu'elle n'a été remife à M. de la Lande, à qui elle eft adreffée, que le 29 Mars dernier : cette Lettre vient de nous affurer que *M. Rizzi-Zannoni n'eft point Membre de cette Académie.* Ainfi il sera déformais obligé, s'il a le courage de continuer à vivre parmi nous, de ne se nommer que **M. Zannoni**, & de n'y plus accompagner son nom d'aucun titre honorable; l'ayant déja fait affez long-tems pour engager une Nation qui eft vive & gaie à se moquer de lui.

Plufieurs Lecteurs auront vraifemblablement trouvé de l'amertume dans quelques endroits de cet écrit. Ils n'y auroient trouvé que de la modération s'ils euffent auparavant pris lecture de l'ouvrage mal-honnête, paîtri de menfonges & d'abfurdités, qui y a donné lieu. A l'égard de M. Zannoni, il n'aura pas de peine à s'appercevoir qu'on y a eu pitié de lui & de ses travaux. Mais lorfqu'on a autant d'avantages qu'il m'en a donné, on peut aifément en céder une partie, fauf à la reprendre enfuite fi cela eft néceffaire. Je l'invite en ce cas à dire la vérité, fi toutes fois il peut la dire, encore vaudroit-il mieux qu'il fe tût, & qu'il abandonnât une guerre qu'il a eu la témérité de me fufciter, & où il n'y a que des coups à recevoir pour lui.

ERRATA.

N. B. Il y a plufieurs incorrections dans le ftyle que des occupations indifpenfables ne m'ont pas permis de faire difparoître.

Page 4, *ligne dernière*, olution *lifez* folution
Pag. 5, *lig.* 26, haque *lif.* chaque
Pag. 31, *lig.* 26, directement ni indirectement *lif.* directe ni indirecte
Pag. 62, *dans la note*, unnkown *lif.* un kno wn
Id. *lig.* 5, A Lifte cadémique *lif.* Lifte Académique
Pag. 68, *lig.* 25, faite *lif.* fait